ro
ro
ro

So ein bisschen Bildung ziert den Menschen.
HEINRICH HEINE

Zugegeben: Nicht immer hat man die passenden Worte auf der Zunge. Und wer in Gesellschaft, auf Partys oder Meetings mithalten will, der sollte sich vorsorglich mit ein paar gebrauchsfertigen Zitaten eindecken. Gleiches gilt für den Hochstapler, gilt er doch als besonders bildungsbeflissen und weltmännisch (jedenfalls tut er so). Ein wenig Bildungsglamour kann also nicht schaden ...

Roland Leonhardt ist Inhaber eines Literaturbüros. Er sammelt seit vielen Jahren die besten Anekdoten, Sprüche und Zitate und ist Autor und Herausgeber diverser Bücher. Er lebt und arbeitet in Frankfurt am Main.

Roland Leonhardt

Weltklassezitate
für Hochstapler

Rowohlt Taschenbuch Verlag

Die Quellen dieses Buches sind vielfältig und über Jahre hinweg aus Sammlungen, Anthologien, Zeitungen und Büchern zusammengetragen. Wir haben deshalb auf eine Anführung im Einzelnen verzichtet. Falls dieser Band Beiträge von noch geschützten Autoren enthält, bitten wir die Inhaber dieser Rechte, sich mit dem Verlag in Verbindung zu setzen.

Originalausgabe
Veröffentlicht im Rowohlt Taschenbuch Verlag,
Reinbek bei Hamburg, Oktober 2011

Umschlaggestaltung ZERO Werbeagentur, München
(Umschlagabbildung: © FinePic®, München)
Satz Quadraat PostScript, Miles Oasys,
bei pagina GmbH, Tübingen
Druck und Bindung Druckerei C. H. Beck, Nördlingen
Printed in Germany
ISBN 978 3 499 62741 5

Inhalt

Vorwort

Zugegeben: Nicht immer hat man die passenden Worte auf der Zunge. Und wer in Gesellschaft, auf Partys oder Meetings mithalten will, der sollte sich vorsorglich mit ein paar gebrauchsfertigen Zitaten eindecken. Gleiches gilt für den Hochstapler, gilt er doch als besonders bildungsbeflissen und weltmännisch (jedenfalls tut er so). Kurz: ein wenig Bildungsglamour kann nicht schaden.

Zu diesem Zweck haben wir zu den wichtigsten Gesellschaftsthemen Zitate ausgesucht, die durchaus Weltklasseniveau haben. Die Autorennamen sprechen für sich.

Zieren Sie sich also nicht, und zeigen Sie sich als Mann/Frau von Welt, der/die über Geist und Esprit verfügt: Zitieren Sie mit Lust und Verve.

Viel Spaß!

Roland Leonhardt

Persönlichkeit & Charakter

Alles, was uns imponieren soll,
muss Charakter haben.

JOHANN WOLFGANG VON GOETHE

Lassen Sie an Ihrem Charakter keine Zweifel aufkommen. Zeigen Sie in jeder Situation Charakterstärke und Standfestigkeit.

Der Charakter ist ein Fels, an welchem gestrandete Schiffe landen und anstürmende scheitern.
IMMANUEL KANT

Denn der Weg zu einem guten Charakter ist niemals zu spät.
SENECA

Das Hauptmerkmal eines Charakters ist, wie er sich bei Feindseligkeit verhält.
LEO N. TOLSTOI

Was hat ein Hemd mit dem Charakter gemein? Hier erfahren Sie es:

Heucheln: dem Charakter ein sauberes Hemd überziehen.
AMBROSE BIERCE

Das ist eine Frage der Sauberkeit: Man soll die Meinung wechseln wie das Hemd.
JULES RENARD

In der Nacht hat der Mensch nur ein Nachthemd an und darunter kommt gleich der Charakter.
ROBERT MUSIL

Empfehlung: Wechseln Sie öfter mal das Hemd. Das tut auch Ihrem Charakter gut.

Der Charakter ist weiter nichts als eine langwierige Gewohnheit.
PLUTARCH

Der Fuchs wechselt den Balg, nicht den Charakter.
TITUS FLAVIUS VESPASIANUS

Der Uniform sind wir durchaus abgeneigt, sie verdeckt den Charakter.
JOHANN WOLFGANG VON GOETHE

Die Änderung, die unser Naturell im Laufe des Lebens erfährt, sieht manchmal aus wie eine Änderung unseres Charakters.
JOHANN WOLFGANG VON GOETHE

Die Männer von Charakter sind das Gewissen der Gesellschaft, zu der sie gehören.
SAMUEL SMILES

Die Miene zeigt den Charakter an.
CICERO

Ein Charakter ist ein vollkommen gebildeter Wille.
NOVALIS

Ein Talent bildet sich im Stillen, doch ein Charakter nur im Strome der Welt.
HEINRICH VON KLEIST

Einen festen Charakter haben, heißt so viel, wie sich unter dem Einfluss anderer Charaktere bewähren; diese anderen sind also notwendig.
STENDHAL

Er bekleidete nicht nur die Stelle eines Buchhalters – er war wirklich einer, war es durch und durch.
KURT TUCHOLSKY

Es gibt genug charakterfeste Männer, die eine Frau nicht sitzen lassen – vor allem im Bus und in der Straßenbahn.
GRETE WEISER

... mit dieser Sorte Mann haben Sie nichts zu tun!

Es gibt Leute, die als charaktervoll gelten, nur weil sie zu bequem sind, ihre Ansichten zu ändern.
ROBERT LEMBKE

Es gibt Männer mit einem Charakter wie eine ausgehöhlte Kastanienschale.
HONORÉ DE BALZAC

Geld verdirbt den Charakter – vor allem, wenn man keins hat.
PETER USTINOV

Gerade in Kleinigkeiten, als bei welchen der Mensch sich nicht zusammennimmt, zeigt er seinen Charakter.
ARTHUR SCHOPENHAUER

Ich bleibe dabei, dass der Charakter einer Frau sich zeigt, nicht wo die Liebe beginnt, sondern wo sie endet.
ROSA LUXEMBURG

Ich will lieber geschäftlich als charakterlich versagen.
MICHEL DE MONTAIGNE

In der Krise beweist sich der Charakter.
HELMUT SCHMIDT

Nicht ohne Erfolg ist er bemüht, die Mängel seines Talents durch Defekte des Charakters wettzumachen.
ALFRED POLGAR

... bei Ihnen nur bedingt anwendbar, da sich Ihre Defekte in Grenzen halten.

Je reicher einer ist, desto leichter ist es für ihn, ein Lump zu sein.
GILBERT KEITH CHESTERTON

Jeder Charakter ist durch zwei teilbar, da Gut und Böse beisammen sind.
ERICH KÄSTNER

Man muss verstehen, die Dummheiten zu begehen, die unser Charakter von uns verlangt.
NICOLAS CHAMFORT

... eine lebenslange Aufgabe!

Kein Talent, doch ein Charakter!
HEINRICH HEINE

Recht hat der eigene Charakter, der übereinstimmt mit sich selbst.
FRIEDRICH SCHILLER

Sei, was du bist, immer ganz und derselbe.
ADOLPH FREIHERR VON KNIGGE

Vorsicht Frau!

Sie wird deinen Charakter studieren, um Waffen gegen dich zu finden.
HONORÉ DE BALZAC

So wie das Tageslicht durch sehr kleine Löcher gesehen werden kann, so zeigen kleine Dinge den Charakter des Menschen.
SAMUEL SMILES

Unser guter Charakter, der so gern für mitfühlend gilt, schweigt oft schon, wenn uns nur der kleinste Vorteil winkt.
LA ROCHEFOUCAULD

... verständlich!

Von einigen weiß ich, dass sie ihren unwandelbaren Charakter nur wahren, um andere damit zu ärgern.
KARL HEINRICH WAGGERL

Um den eigenen Charakter auszubilden, reicht hin und wieder der Besuch in einer Nachtbar:

Was ich habe, ist Charakter in meinem Gesicht.
Hat mich 'ne Masse langer Nächte und Drinks gekostet, das hinzukriegen.
HUMPHREY BOGART

Wenn unser Charakter ausgebildet ist, fängt leider unsere Kraft an, zusehends abzunehmen.
JOHANN GOTTFRIED SEUME

... spätestens dann sollte man die Barbesuche reduzieren!

Wenn man einen Charakter verderben will, braucht man ihn nur verbessern zu wollen.
OSCAR WILDE

Prinzipienreiterei war noch nie Ihr Ding, denn:

Wer einen Charakter hat, braucht keine Prinzipien.
JULIUS WAGNER VON JAUREGG

Wer keinen Charakter hat, ist kein Mensch, sondern eine Sache.
NICOLAS CHAMFORT

Zwischen sämtlichen Stühlen auf hohem Ross – das nenne ich Charakter.
HANS-HERMANN KERSTEN

Wer Ihnen Charakterlosigkeit vorwirft, der ist einem Mythos auf den Leim gegangen und neidet Ihnen nur Ihren Status:

Charakterlosigkeit ist ein Mythos, den biedere Individuen geschaffen haben, um damit die Faszinationskraft anderer Leute erklären zu können.
OSCAR WILDE

Unser Charakter ergibt sich aus unserem Benehmen.
ARISTOTELES

Gewohnheit kann nie die Natur besiegen.
CICERO

Wir machen uns nie so lächerlich durch die Eigenschaften, die wir besitzen, als durch die, die wir vortäuschen.
LA ROCHEFOUCAULD

Der Leute Wesen ist nicht aus ihrem Äußeren zu lesen.
JEAN DE LA FONTAINE

Es ist schwer für einen leeren Sack, aufrecht zu stehen.
BENJAMIN FRANKLIN

Das sind auch nicht immer die schlechtesten Menschen, die störrisch sind.
IMMANUEL KANT

In jedes Menschen Charakter sitzt etwas, das sich nicht brechen lässt – das Knochengebäude des Charakters.
GEORG CHRISTOPH LICHTENBERG

Sie sind kein Blender, sondern ein Mensch mit Charakter. Das zeigen Sie auch.

Es genügt nicht, ein anständiger Mensch zu sein. Man muss es auch zeigen.
HONORÉ DE BALZAC

Drei Charaktere hat jeder Mensch: einen, den er zeigt, jenen, den er hat, und den, den er zu haben glaubt.
ALPHONSE KARR

... manchmal ist eben Charakter auch Glaubenssache.

Der Charakter gleicht einem Baum, und der Ruf gleicht seinem Schatten. Der Schatten ist das, woran wir denken; auf den Baum kommt es an.
ABRAHAM LINCOLN

Die Palme beugt sich, aber nicht der Pfahl.
MARIE VON EBNER-ESCHENBACH

Jede Nichtswürdigkeit wird verziehen, nur kein Charakter. Wer die Welt verstehen will, der merke sich das.
FRIEDRICH HEBBEL

Im Grunde sind Sie ein seelenvoller Mensch, auch wenn manche in Ihnen einen Teufel vermuten.

Charakter hat der Teufel auch, aber er hat keine Seele.
JULIUS LANGBEHN

Kleine Gebirgskunde

Charakter eines Menschen: seine gebändigte, zugehauene, zugeschliffene oder seine wild wuchernde Natur.
MARIE VON EBNER-ESCHENBACH

Eine brave Frau mit schlechtem Charakter – wie oft kommt das vor!
MARIE VON EBNER-ESCHENBACH

Der Charakter ist der größte Manipulator menschlicher Fähigkeiten.
KUNO FISCHER

An gutem Willen fehlt es Ihnen nicht; Sie wissen, was Sie wollen, denn:

Die Basis des Charakters ist die Willenskraft.
OSCAR WILDE

Allerdings ist ein guter Charakter nicht immer förderlich. Da Sie sich zu den Erfolgsmenschen zählen, bleiben Schrammen am eigenen Charakter nicht aus.

Ein guter Charakter kann zuweilen den Erfolg im Leben außerordentlich behindern.
GEORGE BERNARD SHAW

Eigensinn ist das wohlfeilste Surrogat für Charakter.
FRIEDRICH HEBBEL

Charakter ist ein Nebenprodukt. Er wird in der großen Fabrik der täglichen Pflicht fabriziert.
THOMAS WOODROW WILSON

Charakter haben heißt überwinden, am rechten Ort widerstehen, am rechten Ort zugreifen.
RUDOLF VON TAVEL

... perfekt!

Merkwürdig, welche Veränderungen in einem Menschen vorgehen, wenn er sich auf einen Ministersessel setzt.
KONRAD ADENAUER

... leider haben nur wenige Menschen Erfahrung damit!

Der Charakter, den man mit 20 Jahren gehabt hat, ist mit 40 unbrauchbar, mit 60 beinahe eine Schande.
HANS HABE

... trotzdem kein Grund sich zu schämen. Die Leute werden immer jünger älter!

Wer keinen Charakter hat, muss sich wohl oder übel eine Methode zulegen.
ALBERT CAMUS

Manchen aus gutem Hause schützt schon sein Name vor seinem Charakter.
ALBERT MATHIAS KREUELS

Sie brechen sich nicht so schnell das Genick, dafür sorgt schon Ihr starker Charakter, und das nicht erst seit heute.

Ein Starker weiß mit seiner Kraft zu haushalten. Nur der Schwache will über seine Kraft hinaus wirken.
GEORG CHRISTOPH LICHTENBERG

Haltungsschäden beginnen im Kopf. Nicht im Rücken.
JUPP MÜLLER

... mit dieser Einstellung ersparen Sie sich den regelmäßigen Besuch im Fitness-Studio!

Ein Mann ist stark, wenn er sich seine Schwäche eingesteht.
HONORÉ DE BALZAC

Der Starke kann fallen, aber er strauchelt nicht.
MARIE VON EBNER-ESCHENBACH

Für Frauen:

Die Stärke der Frau liegt ja gerade darin, dass man sie nicht erklären kann.
OSCAR WILDE

Die Stärke der Frau liegt in der Passivität, im Empfangen, nicht im Angreifen.
FEDERICO FELLINI

An Mut hat es Ihnen nie gefehlt, Kneifen ist deshalb nicht Ihre Sache. Sie bleiben Ihrem Wahlspruch treu, der da lautet:

Das Rechte erkennen und es nicht tun ist Mangel an Mut.
KONFUZIUS

Für die Unverbesserlichen:

Man muss immer noch mehr wagen, auch wenn man sich dabei das Genick bricht.
PABLO PICASSO

Ich habe Löwenbändiger nie für besonders mutig gehalten, denn im Löwenkäfig sind sie ja sicher vor den Menschen.
GEORGE BERNARD SHAW

Man muss wissen, bis wohin man zu weit gehen kann.
JEAN COCTEAU

Testen Sie doch einmal aus, wozu Ihr Wille fähig ist!

Übrigens, man trägt wieder Mut.
SIEGFRIED & INGE STARCK

Ein Zögerer sind Sie nie gewesen. Sie packen an und haben Ausdauer. Wo andere noch in den Startlöchern sitzen, sind Sie bereits am Ziel.

Lieber keinen Erfolg als keinen Entschluss.
KARL HEINRICH WAGGERL

Für Waffenliebhaber und schusswütige Zeitgenossen gilt folgendes Zitat:

Eine Hand ohne Revolver, aber zum Schuss entschlossen, ist eine bessere Waffe als ein Revolver in zögernder Hand.
ALFRED POLGAR

Es ist nichts erbärmlicher in der Welt als ein unentschlossener Mensch.
JOHANN WOLFGANG VON GOETHE

... da nützt auch die ganze Munition nichts!

Fester Entschluss und beharrliche Durchführung eines einfachen Gedankens führen am sichersten zum Ziel.
HELMUTH GRAF VON MOLTKE

... dem Grafen darf man Glauben schenken, er hatte schon manche Schlacht gewonnen.

Es ist besser, zu schnell zu handeln als zu lange zu warten.
JACK WELCH

Handle, wie du handeln musst.
CICERO

Wenn man aus dem Rahmen fällt, gilt man als Individualist. Bekennen Sie sich zu Ihrer Einzigartigkeit, dann wird man Ihnen auch Schrulligkeiten nachsehen.

Jeder außerordentliche Vorzug isoliert.
CARL HILTY

Je kühner das Leben, desto mehr ist es «Ich».
OSWALD SPENGLER

Unter den Menschen gibt es viel mehr Kopien als Originale.
PABLO PICASSO

Der Individualist ist seinem Wesen nach ein Ketzer.
JEAN COCTEAU

Der Adler fliegt allein, der Rabe scharenweise.
FRIEDRICH RÜCKERT

Geh deinen Weg und lass die Leute reden.
DANTE ALIGHIERI

Für Egoisten:

Ausleihen sollten wir uns an andere, hingeben aber nur an uns selbst.
MICHEL DE MONTAIGNE

Für Singles:

Wer allein ist, ist am stärksten.
HENRIK IBSEN

Für Brillenträger:

Durch die eigene Brille sieht man alles besser.
ROBERT SCHALLER

Man hat im Leben die Wahl, entweder mit der Masse mitzulaufen oder vor ihr davonzulaufen.
INGRID BERGMAN

Es gibt kein zweites Ich auf der Welt.
MIGUEL DE CERVANTES

Wer sich vollkommen erfüllt, der gehöre keinem andern.
PARACELSUS

Wie arm wäre der menschlich Geist ohne die Eitelkeit!
FRIEDRICH NIETZSCHE

Eitelkeit verleiht der Persönlichkeit Glanz und Zierde.

Für Frauen:

Wo wäre die Macht der Frauen, wenn die Eitelkeit der Männer nicht wäre?
MARIE VON EBNER-ESCHENBACH

Wer die Eitelkeit der Welt nicht sieht, ist selbst eitel.
BLAISE PASCAL

Eitelkeit nimmt erst Vernunft an, wenn sie zufrieden ist.
JOSEPH JOUBERT

Die Eitelkeit anderer ist uns unerträglich, weil sie die unsere verletzt.
LA ROCHEFOUCAULD

Leben ohne Eitelkeit ist fast unmöglich.
LEO N. TOLSTOI

Keine Freude vermag sich der triumphierenden Eitelkeit zu vergleichen.
HONORÉ DE BALZAC

Mancher hält sich für taub, nur weil nicht mehr über ihn gesprochen wird.
TALLEYRAND

Ein starker Wille war Ihnen schon immer zu eigen. Halten Sie daran fest, auch wenn Sie manchmal (faule) Kompromisse machen müssen.

Guter Wille gehört zu den wenigen wirklich wichtigen Dingen des Lebens.
HENRY FORD

Was du willst, dass man dir tu, das füge keinem andern zu, der Geschmack ist verschieden.
GEORGE BERNARD SHAW

Man muss anfangen und aufhören können, wann man will. Wenn man erst will, dann kann man auch.
NOVALIS

Wenn auch die Kräfte fehlen, ist dennoch der Wille zu loben.
OVID

Hilfe für Entscheidungsschwache:

Der erste und der letzte Wille ist immer der beste.
FRIEDRICH SCHLEGEL

Wer will, ist dem nicht alles möglich?
JOHANN WOLFGANG VON GOETHE

Wer etwas will, muss auch die Mittel wollen.
VERGIL

Geht es Ihnen manchmal auch so, Sie möchten am liebsten bei einer Veranstaltung nicht dabei gewesen sein?! Dann beherzigen Sie die Worte von Ex-Bundeskanzler Helmut Kohl:

Man tut so, als sei man nie dabei gewesen.

... und ist damit fein raus!

So weit schauen als möglich, aber von dort, wo man hingehört. Die Augen schärfen, aber nicht den Standpunkt wechseln.
ARTHUR SCHNITZLER

Man braucht nicht immer denselben Standpunkt zu vertreten, denn niemand kann einen daran hindern, klüger zu werden.
KONRAD ADENAUER

Um Erfolg zu haben, musst du den Standpunkt des anderen einnehmen und die Dinge mit seinen Augen betrachten.
HENRY FORD

Ihre edle Gesinnung adelt Sie, denn:

Eine Gesinnung, die sich des Rechten bewusst ist, lacht über die Lügen des Gerüchts.
OVID

Aus kleinen Dingen werden große Dinge, und die Gesinnung der Menschen erkennt man auch an den kleinen Dingen.
NICCOLÒ MACHIAVELLI

Die Menschen werden durch Gesinnungen vereinigt, durch Meinungen getrennt.
JOHANN WOLFGANG VON GOETHE

Von Wahrheiten & Fälschungen

Alle Wahrheiten sind paradox.
LEO N. TOLSTOI

... müssen aber dadurch nicht falsch sein!

Das Falsche, kunstvoll dargestellt, überrascht und verblüfft, aber das Wahre überzeugt und herrscht.
VAUVENARGUES

Der Geistreiche ist der Wahrheit sehr nahe.
JOSEPH JOUBERT

Man kann die Wahrheit nicht ins Feuer werfen – sie ist das Feuer.
FRIEDRICH DÜRRENMATT

Jeder hat seine eigene Wahrheit.
KARL THEODOR VON UND ZU GUTTENBERG

Es ist List nötig, damit die Wahrheit verbreitet wird.
BERTOLT BRECHT

Mach dich gegen den Sturm klein, aber bring deine Wahrheit durch.
HANNS EISLER

Eine Lüge ist bereits dreimal um die Erde gelaufen, bevor sich die Wahrheit die Schuhe anzieht.
MARK TWAIN

Alle klugen Leute wissen, dass die Wahrheit keine Hauptspeise ist, sondern ein Gewürz.
CHRISTOPHER MORLEY

Warum sollte man Sie als Lügenbaron bezeichnen, schließlich sind Sie auch nur ein Mensch.

Alle Menschen werden aufrichtig geboren und sterben als Lügner.
VAUVENARGUES

Am feinsten lügt der Plausible.
EMIL GÖTT

Andere belügen ist bei weitem nicht so schlimm wie sich selbst belügen.
LEO N. TOLSTOI

Die meisten unserer heutigen Wahrheiten haben so kurze Beine, dass sie gerade so gut Lügen sein könnten.
EGON FRIEDELL

Es gibt einen Grad von eingefleischter Verlogenheit, den nennt man «das gute Gewissen».
FRIEDRICH NIETZSCHE

Kunst ist eine Lüge, die uns die Wahrheit erkennen lässt.
PABLO PICASSO

Nehmen Sie einem Durchschnittsmenschen die Lebenslüge, und sie nehmen ihm zu gleicher Zeit das Glück.
HENRIK IBSEN

Sage nicht die Wahrheit – und du wirst bald ein angesehenes Mitglied der menschlichen Gesellschaft.
AUS CHINA

Merke:

Wenn ich irre, kann es jeder bemerken, wenn ich lüge, nicht.
JOHANN WOLFGANG VON GOETHE

Wer arm ist, der darf sich was vorlügen – das ist sein Recht. Vielleicht sein einziges Recht.
ÖDÖN VON HORVÁTH

Wer fein das Maul hält, braucht nicht en detail zu lügen.
EMIL GÖTT

... eine Methode, die sich stets bewährt!

Jeder Narr kann die Wahrheit sagen, aber nur ein verhältnismäßig intelligenter kann gut lügen.
SAMUEL BUTLER

Wahrheit berichtet. Lüge ist schöpferisch.
WOLFDIETRICH SCHNURRE

Kreativität hat man Ihnen schon immer nachgesagt ...

Lügen haben kurze Beine, aber Rückenwind.
WERNER MITSCH

Eine gut gemeinte Lüge stellt höhere Ansprüche an das Wahrheitsempfinden als die Wahrheit selbst.
ELISABETH HABLÉ

Je boshafter eine Lüge ist, für desto wahrscheinlicher hält man sie.
DANIEL SPITZER

Nur wer die Kunst der Überzeugung beherrscht, beherrscht auch andere. Üben Sie sich darin.

Jeder muss den Mut der Überzeugung haben.
ALEXANDER VON HUMBOLDT

Man lässt sich gewöhnlich lieber durch Gründe überzeugen, die man selbst erfunden hat, als durch solche, die anderen in den Sinn gekommen sind.
BLAISE PASCAL

Einen Gescheiten kann man überzeugen, einen Dummen muss man überreden.
CURT GOETZ

Der gute Ton in allen Lebenslagen ist der Brustton der Überzeugung.
BIRGIT BERG

Vorsicht Ausrede!

Eine faule Ausrede verringert das Gewicht aller guten Gründe, die man schon vorgebracht hat.
JONATHAN SWIFT

Still mit dem Aber! Die Aber kosten Überlegung.
GOTTHOLD EPHRAIM LESSING

Alles wird teurer, nur die Ausreden werden immer billiger.
JOHN R. HICKS

Wer die Menschen kennenlernen will, der studiere ihre Entschuldigungsgründe.
FRIEDRICH HEBBEL

Hängen Sie endlich Ihre Bescheidenheit an den Nagel, und zeigen Sie der Welt, was für ein guter Kerl Sie sind.

Ein guter Mensch ist immer ein Anfänger.
MARTIAL

Die Großen schaffen das Große, die Guten das Dauernde.
MARIE VON EBNER-ESCHENBACH

Nicht in dem Großen liegt das Gute, sondern in dem Guten das Große.
ZENON

Wirke gut, so wirkst du länger, als es Menschen sonst vermögen.
JOHANN WOLFGANG VON GOETHE

Das Gute, dieser Satz steht fest, ist stets das Böse, das man lässt.
WILHELM BUSCH

Wer abwartet, viel Gutes auf einmal zu tun, wird nie etwas tun.
SAMUEL JOHNSON

Der kürzeste Weg zum Ruhm ist – gut zu werden.
HERAKLIT

Gut sein heißt, mit sich selber in Einklang sein.
OSCAR WILDE

Wer glänzen will, braucht mehr als nur ein neues Make-up. Ein gesundes Maß an Eitelkeit sollte man jedem Menschen zugestehen.

Nächst dem Hunger ist die Eitelkeit die stärkste Triebkraft.
MARQUISE DE DUDEFFANT

Eitelkeit ist darum so schwer abzulegen, weil man sie, unter allen Lastern allein, den ganzen Tag genießen kann.
JEAN PAUL

Keine Freude vermag sich der triumphierenden Eitelkeit zu vergleichen.
HONORÉ DE BALZAC

Ich kann mich so bald nicht von dem Eindruck befreien, den ich auf eine Frau gemacht habe.
KARL KRAUS

... typisch Frauenheld!

Man erleichtert sich den Umgang mit den Menschen, wenn man jedem das Stichwort gibt, auf das seine Eitelkeit wartet.
SIGMUND GRAFF

Die Eitelkeit anderer geht uns nur dann wider den Geschmack, wenn sie wider unsere Eitelkeit geht.
FRIEDRICH NIETZSCHE

Die Eitelkeit lockt die Schmeichler an, wie der Honig die Bienen.
OTTO VON LEIXNER

Alles ist nur Tand.
WILLIAM SHAKESPEARE

Die Eitelkeit besteht aus Komplimenten, die man sich selber macht.
SHIRLEY MACLAINE

Wir werden alt, unsere Eitelkeit wird immer jünger.
MARIE VON EBNER-ESCHENBACH

Siehe, kein Wesen ist so eitel und unbeständig wie der Mensch.
HOMER

Wie viel Gutes man uns auch über uns sagen mag, man sagt uns nichts Neues.
LA ROCHEFOUCAULD

Neugierde ist nur Eitelkeit. Meistens will man etwas erfahren, um darüber zu sprechen.
BLAISE PASCAL

Es ist bloß eine andere Art der Eitelkeit, zu behaupten, dass man niemals eitel sei.
LA ROCHEFOUCAULD

Er war sehr eitel darauf, nicht eitel zu sein.
KURT TUCHOLSKY

Die Eitelkeit ist die Höflichkeits-Maske des Stolzen.
FRIEDRICH NIETZSCHE

Der Eitle kommt auf seine Rechnung, ob er Gutes oder Schlechtes von sich redet; der Bescheidene spricht nicht von sich.
JEAN DE LA BRUYÈRE

Ein Mensch, der eitel ist, kann nie ganz roh sein; denn er wünscht zu gefallen.
JOHANN WOLFGANG VON GOETHE

... das ist das Gute an der Eitelkeit.

Die Ästhetik unserer Tage heißt Erfolg.
ANDY WARHOL

Eitelkeit ist die Haut der Seele.
FRIEDRICH NIETZSCHE

Eitelkeit ist nur tragisch, wenn man nichts hat, worauf man eitel sein kann.
PETER USTINOV

Dass Sie einmalig und unverwechselbar sind, beweisen Sie stets durch Ihren persönlichen Auftritt. Alles an Ihnen hat Stil, Charakter und Persönlichkeit.

Große Männer sind wie große Zeiten: Explosivstoffe, in denen eine ungeheure Kraft aufgehäuft ist.
FRIEDRICH NIETZSCHE

Persönlichkeiten, nicht Prinzipien bringen die Zeit in Bewegung.
OSCAR WILDE

Persönlichkeiten zeichnet aus, dass sie sich zusammenreißen können.
BERTI VOGTS

Ein Mensch ist umso bedeutender, je mehr alle Dinge für ihn bedeuten.
OTTO WEININGER

Der Charakter ruht auf der Persönlichkeit, nicht auf den Talenten.
JOHANN WOLFGANG VON GOETHE

Es sind immer die Abenteurer, die große Dinge vollbringen.
MONTESQUIEU

Break-even-Point

Es gibt wenig ganz außerordentliche Menschen, aber ein jeder hat einen Zeitpunkt des Lebens, wo er sich selbst übertrifft, und von diesem muss man Gebrauch machen.
KARL VON CLAUSEWITZ

Um ein großer Mann zu sein, muss man von seinem ganzen Glück Vorteil zu ziehen verstehen.
LA ROCHEFOUCAULD

... versteht sich von selbst!

Dies ist es, was wir Persönlichkeit nennen – eine aufgespeicherte Kraft, die unmittelbar und durch ihre bloße Gegenwart wirkt.
RALPH WALDO EMERSON

Das steht jedem am besten, was ihm am natürlichsten ist.
CICERO

Es gibt keinen besseren Grund, höflich zu sein, als die Überlegenheit.
MARIE VON EBNER-ESCHENBACH

Der Erfolg eines Menschen ist immer im Grundgefüge seiner Persönlichkeit begründet.
RALPH WALDO EMERSON

Der Mensch wirkt alles, was er vermag, auf den Menschen durch seine Persönlichkeit.
JOHANN WOLFGANG VON GOETHE

Stil ist, eine Identität zu erwerben, nicht ein Label.
TOM FORD

Gute Manieren bestehen aus lauter kleinen Opfern.
RALPH WALDO EMERSON

Gute Ansichten sind wertlos. Es kommt darauf an, wer sie hat.
KARL KRAUS

Persönlichkeit ist die Summe aller Fähigkeiten abzüglich aller Eitelkeiten.
JIM RAKETE

... da brauchen Sie keine Vergleiche zu scheuen!

Alle außergewöhnlichen Menschen, die ich je getroffen habe, waren ihrer eigenen Meinung nach gar nicht außergewöhnlich.
THOMAS WOODROW WILSON

An der Aufgabe, Persönlichkeit zu sein, kann man sich verheben.
ARNOLD GEHLEN

... Sie tun Ihr Möglichstes, damit dies nicht passiert.

Gutes Benehmen wurde Ihnen schon von Kindesbeinen anerzogen. Sie bewegen sich in der Gesellschaft selbstsicher und selbstbewusst. Menschen, die Ihnen Arroganz vorwerfen, ignorieren Sie ganz einfach.

Er hat es in der Ignoranz am weitesten gebracht.
HEINRICH HEINE

Das Maß des Anstandes liegt bei der Wirklichkeit.
HUGO VON HOFMANNSTHAL

Erst Manieren, dann Moral.
OSCAR WILDE

Gute Manieren erfordern Zeit – denn nichts ist vulgärer als Überstürzung.
RALPH WALDO EMERSON

Wer seine Manieren von Fall zu Fall ändert, hat keine.
SIGMUND GRAFF

Auch wenn der Magen noch so knurrt, und Sie mit keinem Menschen ein Wort wechseln wollen, halten Sie sich zurück und seien Sie nicht der Erste, der zur Eröffnung des Büfetts nach vorne stürzt. Schon der weise Philosoph Plutarch mahnte an:

Schweigend und ohne ein Wort zu reden, sich in Gesellschaft miteinander vollstopfen ist nur den Schweinen eigen.

Seine eigene gute Erziehung ist der beste Schutz eines Menschen gegen schlechte Manieren anderer.
EARL OF CHESTERFIELD

Man muss das gesamte Wesen eines Mannes oder einer Frau studieren, um zu wissen, wie man sich ihnen gegenüber zu benehmen hat.
GERMAINE BARONIN VON STAËL

Das Betragen ist ein Spiegel, in welchem jeder sein Bild zeigt.
JOHANN WOLFGANG VON GOETHE

Für Netzwerkknüpfer:

Wie viel Behagen können angenehme Manieren hervorbringen; wie viele Bande werden durch sie geknüpft.
RALPH WALDO EMERSON

Wer immer eine gute Figur machen will, sollte folgenden Ratschlag beherzigen:

Vor zwei Dingen hüte dich im Weltverkehr: nicht lächerlich und nicht beklagenswert zu erscheinen.
FRIEDRICH MAXIMILIAN KLINGER

Wer sich andauernd unpassend benimmt, mit dem bricht man den Verkehr ab. Wer sich im Einzelfall unpassend benimmt, dem sagt man es offen.
THEODOR FONTANE

Man braucht sehr wenig inneren Gehalt für die Feinheit des Betragens, aber sehr viel für die Feinheit des Geistes.
JEAN DE LA BRUYÈRE

Die Manieren der Leute von heute sind auch nicht mehr die besten. Schon Oscar Wilde meinte:

Wohlerzogen zu sein, ist heutzutage ein großer Nachteil. Er schließt einen von so vielem aus.

Wenn ein Mensch gütig und höflich ist, beweist er, dass er ein Weltbürger ist.
FRANCIS BACON

... in dieser Hinsicht haben Sie nichts nachzuholen.

Glücklichsein ist die beste Schule für gute Manieren. Nur Unglückliche sind grob.
WILLIAM MORRIS

... zum Glück haben Sie die richtige Schule besucht!!

... und noch ein Tipp, der nicht nur Sie, sondern die ganze Menschheit betrifft:

Hüte dich, über den Mitteln nicht den Zweck zu verlieren, den reinen Charakter der Menschheit: schlichtes, verständiges, humanes Betragen.
NOVALIS

Dass in Ihnen seit jeher der Funke der Genialität leuchtet, ist scheinbar den meisten Ihrer Mitbürger entgangen. Kein Grund zur Resignation: betreiben Sie PR in eigener Sache.

Das Talent arbeitet, das Genie schafft.
ROBERT SCHUMANN

Das Genie entdeckt die Frage, das Talent beantwortet sie.
KARL HEINRICH WAGGERL

Das Genie entzieht sich der Konventionen und sieht die Dinge selbst an.
SULLY PRUDHOMME

Der Gegensatz von genial ist nicht: ungenial, sondern: geschickt.
ALFRED POLGAR

Wer ein Genie ist, bestimmt die Nachwelt. Wer ein Star ist, entscheidet die Mitwelt.
WERNER HÖFER

Vom Typ her sind Sie Optimist, und daher zukunftstauglich. Neben Ihnen sehen die Schlechtmacher und Schwarzseher ziemlich alt aus.

Ich bin nicht Optimist, ich will Optimist sein.
ÉMILE ZOLA

Wenn ich wüsste, dass morgen die Welt untergeht, würde ich heute noch mein Apfelbäumchen pflanzen.
MARTIN LUTHER

Optimist: ein Mensch, der die Dinge nicht so tragisch nimmt, wie sie sind.
KARL VALENTIN

Optimist: ein Anhänger der Lehre, dass Schwarz gleich Weiß ist.
AMBROSE BIERCE

Die Gewohnheit, alle Dinge von der Lichtseite zu betrachten, ist mehr wert, als ein Einkommen von Tausenden.
DAVID HUME

Ein Optimist weiß genau, wie traurig die Welt sein kann, während es ein Pessimist allmorgendlich neu herausfindet.
PETER USTINOV

Für den Optimisten ist das Leben kein Problem, sondern bereits die Lösung.
MARCEL PAGNOL

Mangel an Optimismus ist Mangel an Wunschkraft.
MARC AUREL

Ein Optimist ist ein Mann, der Kreuzworträtsel sofort mit dem Kugelschreiber ausfüllt.
KARL FARKAS

Mit Ihrem Humor bezwingen Sie nicht nur Ihre Widersacher, nein, auch Ihre Schwiegermutter geht vor Ihnen in die Knie.

Durch Humor kann man sich ebenso als Mensch erweisen wie durch den Geist.
SIEGFRIED THOMAS

Humor hat, wer gleich lacht; später lachen ist keine Kunst.
GERHARD BRANSTNER

Humor ist selbst gekelterte seelische Widerstandskraft.
SIGMUND GRAFF

Der Humor macht den Menschen dadurch groß, dass er ihn bagatellisiert.
SIGMUND GRAFF

Humor ist der Schwimmgürtel auf dem Strom des Lebens.
WILHELM RAABE

«Dem Mutigen gehört die Welt»; ich sage – dem Humor.
THEODOR FONTANE

Nur wenige Menschen werden humorvoll geboren.
Die meisten leben von der Heiterkeit anderer.
VAUVENARGUES

Es gibt einen Ernst für alle, aber nur einen Humor für wenige.
JEAN PAUL

Je intelligenter ein Humorist ist, desto weniger hat er es nötig, die Wirklichkeit zu deformieren, um sie bedeutsam zu machen.
ANDRÉ GIDE

Humor ist der Knopf, der verhindert, dass uns der Kragen platzt.
JOACHIM RINGELNATZ

Der wahre Humor weiß ganz genau, dass man im Grunde nichts zu lachen hat.
ERNST HEIMERAN

Es gibt nichts Gemeines, was fratzenhaft ausgedrückt, nicht humoristisch aussähe.
JOHANN WOLFGANG VON GOETHE

Bildung & Prestige

So ein bisschen Bildung
ziert den Menschen.

HEINRICH HEINE

Sie können mit Bildung zwar nicht protzen, zählen sich aber dennoch zu den Gebildeten. Immerhin wissen Sie wer Goethe, Mozart und Einstein waren. Und den Überblick über die Klatschspalten in den Tageszeitungen haben Sie auch – somit sind Sie bestens für den Small Talk präpariert.

Bildung ist Überblick.
ANTON KUH

Bildung ist das, was die meisten empfangen, viele weitergeben und wenige haben.
KARL KRAUS

Lerne nicht mehr als du unbedingt brauchst, um durchs Leben zu kommen.
KARL KRAUS

... mit dieser Einstellung haben Sie es weit gebracht.

Die Bildung wird täglich geringer, weil die Hast größer wird.
FRIEDRICH NIETZSCHE

... lässt sich ändern!

Der Gebildete ist eine Sammlung von Fragmenten, die schön geordnet ist.
CARL EINSTEIN

Für Einfältige:

Bildung ist ein durchaus relativer Begriff. Gebildet ist jeder, der das hat, was er für seinen Lebenskreis braucht.
FRIEDRICH HEBBEL

Wahre Bildung besteht darin, zu wissen, was man kann, und ein für allemal zu lassen, was man nicht kann.
HERMANN BAHR

Bildung ist die Fähigkeit, Wesentliches von Unwesentlichem zu unterscheiden, und jenes ernst zu nehmen.
PAUL DE LAGARDE

Eine umfassende Bildung ist eine gut dotierte Apotheke; aber es besteht keine Sicherheit, dass nicht für Schnupfen Zyankali gereicht wird.
KARL KRAUS

... bitte vorher den Beipackzettel lesen!

Bildung ist das, was übrig bleibt, wenn der letzte Dollar weg ist.
MARK TWAIN

Bildungshunger und Wissensdurst sind keine Dickmacher.
LOTHAR SCHMIDT

Typisch für Schulschwänzer:

Aus der Schulzeit sind mir nur die Bildungslücken in Erinnerung geblieben.
OSKAR KOKOSCHKA

Geld ist rund und rollt weg, aber Bildung bleibt.
HEINRICH HEINE

Jeden Tag lernen wir Dinge, von denen wir keine Ahnung hatten. Reisen bilden wirklich sehr.
VOLTAIRE

Sich zu bilden heißt, lernen zu wollen, wie alles geschieht.
EPIKTET

Warnung!

Von der Bildung kommen alle Dummheiten.
LEO N. TOLSTOI

... andererseits kann man nie genug lernen. Zeigen Sie sich stets aufgeschlossen, auch wenn so mancher Bildungskrempel darunter ist.

Was man erfindet, tut man mit Liebe, was man gelernt hat, mit Sicherheit.
JOHANN WOLFGANG VON GOETHE

Vielleicht werden wir wirklich durch Schaden klug?
ERICH KÄSTNER

Was ich gelernt habe, weiß ich nicht mehr. Das wenige, was ich weiß, habe ich erraten.
NICOLAS CHAMFORT

Man weiß am besten, was man nicht gelernt hat.
VAUVENARGUES

Lernen ist das Rudern gegen den Strom. Sobald man aufhört, treibt man zurück.
BENJAMIN BRITTEN

Zeigen Sie sich als belesener und kultivierter Mensch, das kommt auch im Zeitalter der elektronischen Medien gut an. Klar, dass neben der Zeitungslektüre auch anspruchsvollere Literatur nicht fehlen darf. Und sollten Sie einmal in die Situation kommen, ein Buch nicht zu kennen, verweisen Sie auf Elias Canetti. Sein Fazit:

Wie wenig du gelesen hast, wie wenig du kennst – aber vom Zufall des Gelesenen hängt es ab, was du bist.

Es ist erst der Leser, der das Buch zum Buch macht, indem er es liest.
FRANCIS PONGE

Wenig und gut lesen ist großen Köpfen eigen.
THEODOR GOTTLIEB VON HIPPEL

Man sollte eigentlich immer nur das lesen, was man bewundert.
JOHANN PETER ECKERMANN

Vom Schlechten kann man nie zu wenig und das Gute nie zu oft lesen.
ARTHUR SCHOPENHAUER

Lesen heißt borgen, daraus erfinden abtragen.
GEORG CHRISTOPH LICHTENBERG

Erst durch Lesen lernt man, wie viel man ungelesen lassen kann.
WILHELM RAABE

Natürlich muss man lesen, was man nicht versteht, um zu verstehen, was man lesen kann.
MARTIN WALSER

Lesen ist denken mit fremdem Gehirn.
JORGE LUIS BORGES

Reisen bildet ebenso wie Lesen, Theater und Musik. Als Weltenbummler und Globetrotter, der schon alle Erdteile bereist hat, wissen Sie am besten, wo es die schönste Strände und die raffiniertesten Cocktails gibt.

Die beste Bildung findet ein gescheiter Mensch auf Reisen.
JOHANN WOLFGANG VON GOETHE

Reisen veredelt den Geist und räumt mit allen Vorurteilen auf.
OSCAR WILDE

Glücklich, wer einmal in die Welt hinausgeschleudert wird.
GEORG WEERTH

Ein kluger Mensch sieht so viel, wie er sehen soll, nicht so viel, wie er sehen kann.
MICHEL DE MONTAIGNE

Jeder muss wissen, worauf er bei einer Reise zu sehen hat und was seine Sache ist.
JOHANN WOLFGANG VON GOETHE

Reisen ist das beste Mittel zur Selbstbildung.
KARL JULIUS WEBER

Das Reisen dient in jüngeren Jahren der Erziehung, in reiferen der Erfahrung.
FRANCIS BACON

Einstweilen lese ich, soviel ich kann, und studiere zu meinem Vergnügen den Menschen, indem ich reise.
GIACOMO GIROLAMO CASANOVA

Mit der Hoffnung zu reisen ist besser, als das Ziel zu erreichen.
ROBERT LOUIS STEVENSON

Reisen ist tödlich für Vorurteile.
MARK TWAIN

Reisen sollte nur ein Mensch, der sich ständig überraschen lassen will.
OSKAR MARIA GRAF

Nur aufs Ziel zu sehen verdirbt die Lust am Reisen.
FRIEDRICH RÜCKERT

Das Reisen ist ein Handwerk: Wer es am besten beherrscht, den freut es am meisten.
WILLIAM SOMERSET MAUGHAM

Wer viel weiß, genießt hohes Ansehen. Reihen Sie sich deshalb in den Kreis der Wissenden ein.

Investierung in Wissen zahlt die besten Zinsen.
BENJAMIN FRANKLIN

Wissen selbst ist Macht.
FRANCIS BACON

Es gibt nur zwei Arten von Menschen, die wirklich fesseln: Leute, die alles wissen, und Leute, die überhaupt nichts wissen.
OSCAR WILDE

Wenn du etwas weißt, behaupte, dass du es weißt. Und wenn du etwas nicht weißt, gib zu, dass du es nicht weißt; das ist Wissen.
KONFUZIUS

Dein Wissen hat keine Bedeutung, wenn niemand anders weiß, dass du weißt.
PERSIUS

... dennoch sollte man sich nicht vollstopfen und nur das wissen, was man wissen muss.

Man weiß nicht, was genug ist, bevor man weiß, was mehr als genug ist.
WILLIAM BLAKE

Naturgesetz!

Man weiß nicht, was man weiß, oder auch nur, was man zu wissen wünscht, bevor man nicht herausgefordert wird und einen Einsatz leisten muss.
THORNTON WILDER

Es ist nicht recht, alles zu wissen.
HORAZ

Was ich nicht weiß, macht mich nicht heiß. Was jeder weiß, lässt mich kalt.
STEPHAN DETTMEYER

Mehr wissen zu wollen, als man braucht, ist eine Art Völlerei.
SENECA

Das Einzige, was wir nie wissen, ist, wie man das unbeachtet lässt, was man nicht wissen kann.
JEAN-JACQUES ROUSSEAU

Was wir wissen, ist ein Tropfen, was wir nicht wissen – ein Ozean.
SIR ISAAC NEWTON

Wenn du kannst, sei klüger als andere Leute, aber erzähl es ihnen nicht.
LORD PHILIP DORMER CHESTERFIELD

Neugier ist wichtiger als Wissen.
ALBERT EINSTEIN

Prestige, Ruhm, Ansehen – die großen Drei. Von allem haben Sie reichlich. Nun gilt es zu zeigen, wer man ist.

Der oberste Herrscher der Welt ist das Prestige.
JULES ROMAINS

Jeder Mensch gilt in dieser Welt nur so viel, als wozu er sich selbst macht.
ADOLPH FREIHERR VON KNIGGE

... und gemacht haben Sie sehr viel aus sich. Darauf können Sie stolz sein!

Eine üble Angewohnheit, Leute in Hüten und Kutschen höher zu bewerten.
LEO N. TOLSTOI

... war schon immer so, und wird auch bleiben.

Es mag zu meinem Vorteil oder Nachteil ausfallen, ich fürchte nicht, so gesehen zu werden, wie ich bin.
JEAN-JACQUES ROUSSEAU

... da geht es Ihnen wie vielen anderen auch.

Es ist schön, unter angesehenen Männern hervorzustechen.
SENECA

Man müsste nochmals zwanzig sein – mit den Adressen von heute.
HARALD JUHNKE

Alle großen Menschen bilden sich ein, mehr oder weniger inspiriert zu sein.
JOSEPH JOUBERT

Das Große spricht für sich selbst.
THEODOR FONTANE

Der ist groß, der, was er ist, von Natur aus ist, und uns nie an andere erinnert.
RALPH WALDO EMERSON

Die Arroganz der Kleinen ist es, immer von sich, die der Großen, nie von sich zu reden.
VOLTAIRE

... eine Frage der Taktik!

Die Größe muss zuweilen aufgegeben werden, damit sie empfunden wird.
BLAISE PASCAL

Ohne Arroganz wird kein großer Mann.
ARTHUR SCHOPENHAUER

Sieger zu sein ist wenig, doch groß zu bleiben alles.
VICTOR HUGO

Groß sein heißt missverstanden sein.
RALPH WALDO EMERSON

... damit können Sie leben.

Wer sich zu viel mit dem Kleinen abgibt, wird meist unfähig für das Große.
La Rochefoucauld

Sie werden geachtet und respektiert, deshalb können Sie sich den ein oder anderen Fehltritt leisten.

Wenn man geschätzt sein will, muss man mit schätzenswerten Menschen leben.
Jean de La Bruyère

Unser Verdienst verschafft uns die Anerkennung ehrenwerter Menschen, unser Glück aber die der Menge.
La Rochefoucauld

Die Menschen achten den, der sie verachtet.
Honoré de Balzac

Alles altert, selbst die Achtung, wenn man sich nicht in Acht nimmt.
Joseph Joubert

Nichts verschafft einem so schnell Achtung, wie wenn man seine Mitmenschen wissen lässt, dass man ihnen gewachsen ist.
Vita Sackville-West

Wer nicht verachtet, kann auch nicht achten.
Friedrich Schlegel

Es kommt vor, dass man uns achtet in dem Maße, wie wir uns selbst achten.
Vauvenargues

Achtung nutzt sich ab wie Liebe.
VAUVENARGUES

Achte dich selbst, wenn du willst, dass andere dich achten sollen!
ADOLPH FREIHERR VON KNIGGE

Die Achtung, die wir in der Welt besitzen, leistet oft mehr als die mächtigsten Heere.
LOUIS XIV.

Wer sich Respekt verschaffen will, darf sich nur von seiner hässlichsten Seite zeigen.
GUSTAVE FLAUBERT

Doch ehe man Respekt genießt, muss man sich ihn verdienen. Und um ihn sich zu verdienen, darf man sich ihn nicht wünschen.
LEO N. TOLSTOI

Es ist unerträglich, diejenigen hochzuschätzen, die es nicht verdienen.
CHRISTINE VON SCHWEDEN

... Sie trennen die Spreu vom Weizen und wissen, wem Ehre gebührt!

Es ist keine Kunst, geistreich zu sein, wenn man vor nichts Respekt hat.
JOHANN WOLFGANG VON GOETHE

Die Lebensweise ist die glücklichste, die uns die meisten Gelegenheiten bietet, unsere eigene Hochachtung zu gewinnen.
SAMUEL JOHNSON

... erstrebenswert!

Am bittersten bereuen wir die Fehler, die wir am leichtesten vermieden hätten.
MARIE VON EBNER-ESCHENBACH

... wohl wahr!

Der Hauptfehler des Menschen ist, dass er so viele kleine hat.
JEAN PAUL

... fangen Sie bloß nicht an, die Fehler Ihrer Freunde aufzurechnen!

Die Vorzüge von gestern sind oft die Fehler von morgen.
ANATOLE FRANCE

Die Besten unter uns sehen stets nur ihre Fehler.
JULES RENARD

Wir gestehen kleine Fehler, um vorzugeben, dass wir keine großen haben.
LA ROCHEFOUCAULD

Wir vergessen unsere Fehler leicht, wenn sie nur uns bekannt sind.
LA ROCHEFOUCAULD

Alte Philosophenweisheit:

Schlage Geld aus jedem Fehler!
LUDWIG WITTGENSTEIN

Ein kluger Mann macht nicht alle Fehler selbst. Er gibt auch anderen eine Chance.
SIR WINSTON CHURCHILL

Ob Sie jemals in das Pantheon der Großen aufgenommen werden – wer weiß. Warten Sie nicht bis dahin, und parfümieren Sie sich schon jetzt mit ein wenig Ruhm. Denn Ruhm ist unwiderstehlich!

Ruhm ist das Parfüm heldenhafter Taten.
SOKRATES

Der Verdienst weist sich selbst zur Genüge aus.
SALLUST

Wenn das Glück uns begünstigt, wird es von Popularität begleitet.
PUBLILIUS SYRUS

... schadet nicht!

Der größte Vorteil des Ruhms besteht vielleicht darin, dass man ungestraft die größten Dummheiten sagen darf.
ANDRÉ GIDE

... auf Dauer allerdings auffällig!

Der Ruhm ist ein vergöttlichter Egoismus!
HONORÉ DE BALZAC

Popularität ist in Kupfer umgemünzter Ruhm.
VICTOR HUGO

Dass Sie zu den Ausnahmeerscheinungen gehören, hebt Sie von der Masse ab. Und mit Bertolt Brecht können Sie zu Recht behaupten:

Wir wissen, dass wir nur Vorläufer sind, und nach uns wird kommen – nichts Nennenswertes.

Besser gerühmt zu sein, als ein Rühmer.
BALTASAR GRACIÁN Y MORALES

Ruhm öffnet den Weg zu den Überirdischen.
SENECA

Wer sich mit wenig Ruhm begnügt, verdient nicht vielen.
MARIE VON EBNER-ESCHENBACH

Von des Lebens Gütern allen
Ist der Ruhm das höchste doch.
FRIEDRICH SCHILLER

Klassisch!

Die Arbeit ist der Preis, für den man den Ruhm erkauft:
Was wenig kostet, ist wenig wert.
BALTASAR GRACIÁN Y MORALES

Egal, wie es in Ihnen auch aussehen mag, Sie genießen die höchsten Sympathien. Ihnen fliegen deshalb nicht nur die Herzen der anderen zu, Ihnen öffnen sich auch Türen. Wuchern Sie mit Ihrer sympathischen Ausstrahlung.

Alle anziehenden Leute sind immer im Kern verdorben. Darin liegt das Geheimnis ihrer sympathischen Kraft.
OSCAR WILDE

Teilnahme ist der goldene Schlüssel, der die Herzen anderer öffnet.
SAMUEL SMILES

Ein Tag der Gunst ist wie ein Tag der Ernte: Man muss geschäftig sein, sobald sie reift.
JOHANN WOLFGANG VON GOETHE

Mancher glaubt, beliebt zu sein, aber man hat sich nur an seine Art gewöhnt.
UPTON SINCLAIR

Die Liebenswürdigkeit, wenn sie echt ist, hilft über viele Unkorrektheiten hinweg.
THEODOR FONTANE

Um liebenswürdig zu sein, müssen Körper und Geist ungezwungen sein.
BALTASAR GRACIÁN Y MORALES

Wer liebenswürdig ist, macht sich beinahe so viele Freunde, wie er Bekanntschaften macht.
EARL OF CHESTERFIELD

Sie haben allen Grund auf sich stolz zu sein. Heften Sie sich Ihre Orden ans Revers, und man wird sehen, wer Sie sind.

Edler Stolz kleidet den gut, der große Talente besitzt.
MONTESQUIEU

Der Stolze verlangt von sich das Außerordentliche, der Hochmütige schreibt es sich zu.
MARIE VON EBNER-ESCHENBACH

Die kleinsten Unteroffiziere sind die stolzesten.
GEORG CHRISTOPH LICHTENBERG

Nur Stolz schützt vor Neid.
HANS HABE

Das Wesen des wahren Stolzes besteht darin, immer an seinem Platz zu sein.
VAUVENARGUES

Wie unglücklich wäre ich, wenn ich nicht mehr stolz sein könnte!
HEINRICH VON KLEIST

Sie übertreiben es nicht und halten Maß in allen Dingen. Ihrem Beispiel folgt man gern.

Maß ziemt überall.
SOPHOKLES

Schön ist es, weise Maß zu halten.
SOPHOKLES

Alle Dinge, die über Maß und Ziel gehen, sind von kurzer Dauer.
GIOVANNI BOCCACIO

Was auch immer das Maß überschreitet, hängt an einem unsicheren Ort.
SENECA

Erfahrungen sind Maßarbeit. Sie passen nur dem, der sie macht.
CARLO LEVI

Der Mensch ist das Maß aller Dinge.
PROTAGORAS

Alles Heil liegt mitteninne,
Und das Höchste bleibt das Maß.
EMANUEL GEIBEL

Denn wenn du erst einmal das Maß überschritten hast, dann gibt es keine Grenze mehr.
EPIKTET

Alles an Ihnen ist selten und außergewöhnlich. Beruflich und privat sind Sie immer auf der Überholspur.

Alles Vortreffliche ist selten.
CICERO

Nur das Seltene erweitert unseren Sinn.
STEFAN ZWEIG

Die Ausnahmen von der Regel machen den Märchenzauber des Daseins aus.
MARCEL PROUST

Alles Vortreffliche ist ebenso schwierig wie selten.
SPINOZA

Wer nicht nach dem Ungewöhnlichen strebt, dem glückt auch das Gewöhnliche nicht.
KARL HEINRICH WAGGERL

Nur wenige Muscheln haben Perlen.
THEODOR STORM

Ausnahmen sind nicht immer Bestätigung der alten Regel; sie können auch Vorboten einer neuen Regel sein.
MARIE VON EBNER-ESCHENBACH

Es ist traurig, eine Ausnahme zu sein. Aber noch trauriger ist es, keine zu sein.
PETER ALTENBERG

Sie haben viele Bewunderer und Nachahmer, weshalb man gerne in Ihre Fußstapfen tritt.

Die uns bewundern, lieben wir immer; die wir bewundern, nicht immer.
LA ROCHEFOUCAULD

Bewundert viel und viel gescholten.
JOHANN WOLFGANG VON GOETHE

Ich bewundere, was über mir ist, ich beurteile es nicht.
JOHANN WOLFGANG VON GOETHE

Bewunderung ist nur überlegenen Geistern gegeben.
SULLY PRUDHOMME

Man muss sich verdunkeln können, um die Mückenschwärme allzu lästiger Bewunderer loszuwerden.
FRIEDRICH NIETZSCHE

Wer unser Haus betritt, soll uns lieber bewundern als unsere Einrichtung.
SENECA

Schließlich bewundern und lieben nicht alle das Gleiche.
HORAZ

Sie sind ein Mann der Öffentlichkeit. Im Rampen- und Scheinwerferlicht fühlen Sie sich besonders wohl. Auf der Bühne der Öffentlichkeit ziehen Sie alle Register Ihres Könnens.

Die Nachrede ist die Steuer, die der Mensch der Öffentlichkeit für eine hervorragende Stellung bezahlt.
JONATHAN SWIFT

Wenn alles, was man sagt, wahr sein muss, so ist darum nicht auch Pflicht, alle Wahrheit öffentlich zu sagen.
IMMANUEL KANT

Die Öffentlichkeit hat eine unersättliche Neugier, alles zu wissen, nicht nur das Wissenswerte.
OSCAR WILDE

Die Öffentlichkeit! Wie vieler Narren bedarf es, um eine Öffentlichkeit zu ergeben?
NICOLAS CHAMFORT

Wer in der Öffentlichkeit Kegel schiebt, muss nachzählen lassen, wie viele er getroffen hat.
KURT TUCHOLSKY

... deshalb kegeln Sie lieber nicht. Suchen Sie sich ein anderes Hobby.

Wer ins Rampenlicht tritt, kann doch nicht ungeschminkt die Wahrheit sagen.
EDITH ENGELKE

Vorsicht, die öffentliche Meinung ist eine Dirne!
MARIE VON EBNER-ESCHENBACH

Die Meinung ist die Königin der Welt, weil die Dummheit die Königin der Schwachköpfe ist.
NICOLAS CHAMFORT

Es gibt Zeiten, wo die öffentliche Meinung die schlechteste aller Meinungen ist.
NICOLAS CHAMFORT

Es ist gleich schwach und gefährlich, die öffentliche Stimme zu viel und zu wenig zu achten.
LEO N. TOLSTOI

Die öffentliche Meinung muss man mit ihren eigenen Waffen angreifen; man schießt nicht mit Gewehren auf Ideen.
ANTOINE COMTE DE RIVAROL

Jedermann spricht von der öffentlichen Meinung und meint damit die öffentliche Meinung minus der seinigen.
GILBERT KEITH CHESTERTON

Was die Gesellschaft öffentliche Meinung nennt, heißt beim einzelnen Menschen Vorurteil.
KARL HEINRICH WAGGERL

Das Publikum beklatscht ein Feuerwerk, doch keinen Sonnenaufgang.
FRIEDRICH HEBBEL

Und hier noch ein paar Regeln, die Sie beherzigen sollten:

Seine Schmutzwäsche wäscht man zu Hause, nicht in der Öffentlichkeit.
NAPOLEON BONAPARTE

Dein Gesicht sei offen, deine Gedanken verschlossen.
EARL OF CHESTERFIELD

Vergiss nie, dass Offenheit und Schwatzhaftigkeit etwas ganz Verschiedenes sind.
FELICITAS VON REZNICEK

Man sollte immer anständig spielen, wenn man die Trümpfe in der Hand hat.
OSCAR WILDE

Man sollte für gewöhnlich offen sein, ohne die Verstellung doch ganz zu verschmähen.
FRANCESCO GUICCIARDINI

... und zuletzt die Regel aller Regeln:

Die Dinge beim Namen nennen.
LEO N. TOLSTOI

Ihrem guten Ruf haben Sie Einfluss und Macht zu verdanken. Ihn aufs Spiel zu setzen wäre leichtfertig. Setzen Sie deshalb alles daran, Status und Ansehen auf Hochglanz zu bringen.

Der reinste Schutz, den uns das Leben bietet, ist fleckenloser Ruf.
WILLIAM SHAKESPEARE

Dem guten Ruf zuliebe sollte man – vom Nutzen abgesehen – auch nicht einen Finger rühren.
DIOGENES

... denn manchmal ist weniger mehr!

Den Ruf verliert, wer sich Unwürdigen gleichstellt.
PHAEDRUS

Sogar die besten Namen werden durch Nichtnennen schlecht.
HORAZ

Man hat einen zu guten oder einen zu schlechten Ruf; nur den Ruf hat man nicht, den man verdient.
MARIE VON EBNER-ESCHENBACH

... daran kann man arbeiten!

Vorzug der Frauen:

Sexappeal ist ein Ruf, den man nicht hört, sondern sieht.
BURT LANCASTER

Man wird mit einem schlechten Gewissen leichter fertig als mit einem schlechten Ruf.
FRIEDRICH NIETZSCHE

... wunderbar, wer das sagen kann.

Den Ruf zerstört man am meisten selbst.
MICHAEL DOUGLAS

... der Beispiele gibt es viele.

Der gute Ruf gleicht oft dem Winde: Man weiß nicht, von wannen er kommt, noch wohin er führt.
AUGUST VON KOTZEBUE

... klingt etwas holprig, stimmt aber.

Den Ruf verantworten wir, nicht den Widerhall.
PETER BENARY

Unlauter erworbener Ruf schlägt in Verachtung um.
VAUVENARGUES

Beruf & Gesellschaft

Ein Beruf ist das Rückgrat
des Lebens.

FRIEDRICH NIETZSCHE

Im Berufsleben stehen Sie auf der Erfolgsleiter. Sie treffen Entscheidungen und halten den Kopf hin. Aber meistens läuft es gut, und darum sind Sie ein gefragter Mann.

Was ist dein Beruf? Gut zu sein.
MARC AUREL

Ein jeder versucht eben auf seine Weise, in der Welt vorwärtszukommen.
VOLTAIRE

Das Wichtigste im Leben ist die Wahl des Berufes. Der Zufall entscheidet darüber.
BLAISE PASCAL

Man kann seinen Beruf auch verfehlen, indem man ihn ausübt.
KARL HEINRICH WAGGERL

... hinterher ist man immer klüger!

Man kann auch mit seinem Beruf glücklich verheiratet sein.
GERHARD UHLENBRUCK

... kann man vorher wissen!

Der Mann muss hinaus ins feindliche Leben.
FRIEDRICH SCHILLER

Ihre Arbeit bedeutet Ihnen viel. Wie wichtig und unentbehrlich Sie sind, beweist Ihnen stets der Blick auf Ihren vollen Terminkalender.

Was ein Mann wert ist, beweist er in seiner Arbeit.
HENRY FORD

Genie beginnt große Werke, Arbeit allein vollendet sie.
JOSEPH JOUBERT

Arbeit ist das Feuer der Gestaltung.
KARL MARX

Sollte Ihnen die Arbeit tatsächlich einmal zu viel werden, dann machen Sie es wie David Rockefeller:

Ich arbeite nach dem Prinzip, dass man niemals etwas selbst tun soll, was jemand anderer für einen erledigen kann.

Es gibt nur eine Ausflucht vor der Arbeit: andere für sich arbeiten zu lassen.
IMMANUEL KANT

Es gibt nichts Besseres, als von seiner Arbeit zu leben.
ANATOLE FRANCE

Wenig Arbeit ist eine Bürde, viel Arbeit eine Freude.
VICTOR HUGO

Wir alle arbeiten bis zur Selbstvernichtung. Einige bringen dabei sogar etwas zustande.
GABRIEL LAUB

Zur Nachahmung nicht empfohlen!

Arbeit, die wir lieben, ist das Einzige, was uns mit dem Leben versöhnen kann.
HERMANN BANG

Arbeit ist nur dann Arbeit, wenn sie ohne Zweifel notwendig ist.
LEO N. TOLSTOI

Ich brauche Ruhe und Heiterkeit der Umgebung und vor allem Liebe, wenn ich arbeite.
ADALBERT STIFTER

... himmlisch.

Andererseits:

Unser Leben ist der Mord durch Arbeit, wir hängen sechzig Jahre lang am Strick und zappeln.
GEORG BÜCHNER

Arbeit ist die altmodische Form der Vermögensbildung.
WOLFRAM WEIDNER

Durch Arbeit wirst du eher bucklig statt reich.
GREGOR VON REZZORI

Es ist ein großer Unterschied, ob einer einer Arbeit nachgeht oder nachläuft.
ERNST DITTRICH

Wer die Arbeit als Aufgabe begreift, braucht keinen Motivationstrainer.

Jede Zeit hat ihre Aufgabe, und durch die Lösung derselben rückt die Menschheit weiter.
HEINRICH HEINE

Die Hauptaufgabe, die wir haben, ist für jeden sein eigenes Verhalten; dazu sind wir auf der Erde.
MICHEL DE MONTAIGNE

Die Chefrolle ist Ihnen wie auf den Leib geschnitten, und diese füllen Sie prächtig aus.

Wer befehlen kann, findet welche, die gehorchen müssen.
FRIEDRICH NIETZSCHE

Ein guter Führer ist dann am besten, wenn die Menschen kaum wahrnehmen, dass er existiert.
LAOTSE

Management ist nichts anderes als die Kunst, andere Menschen zu motivieren.
LEE IACOCCA

Wer andere zu leiten strebt, muss fähig sein, viel zu entbehren.
JOHANN WOLFGANG VON GOETHE

Der eine wartet, bis dass die Zeit sich wandelt, der andere packt sie an und handelt.
DANTE ALIGHIERI

Ihr Beruf fordert stets Höchstleistungen von Ihnen. Kein Problem für Sie, Sie sind topfit und zählen sich zur Leistungselite. Schließlich laufen Sie tagtäglich zwölfmal um den Häuserblock herum ...

Das Produzieren ist alles, der Ruhm ist nur die Austernschale.
RICHARD WAGNER

Es hat noch niemand etwas Ordentliches geleistet, der nicht etwas Außerordentliches leisten wollte.
MARIE VON EBNER-ESCHENBACH

Um große Dinge zu leisten, müssen wir leben, als ob wir nie sterben würden.
VAUVENARGUES

... allerdings auch wahr:

Bezüglich einer unmöglichen Leistung besteht kein rechtlicher Verpflichtungsgrund.
JUSTINIAN

Leute, die im Kleinen nichts leisten, bilden sich gerne ein, sie seien für was Größeres geboren.
KARL HEINRICH WAGGERL

... besorgen Sie sich andere Mitarbeiter, wenn das der Fall sein sollte.

Gegen Leistungen kommt man nur mit Leistungen auf.
ROBERT BOSCH

Merke:

Sobald du sagst: ich habe genug geleistet, bist du verloren.
AUGUSTINUS

... und außerdem:

Der Mensch kann, was er soll; und wenn er sagt: «Ich kann nicht», so will er nicht.
JOHANN GOTTLIEB FICHTE

Wer Freude an der Arbeit hat, ist imstande, vieles zu leisten.
MARION GRÄFIN DÖNHOFF

Persönlichkeiten werden nicht durch schöne Reden geformt, sondern durch Arbeit und Leistung.
ALBERT EINSTEIN

Zwei Dinge sind zu unserer Arbeit nötig: Unermüdliche Ausdauer und die Bereitschaft, etwas, in das man viel Zeit und Arbeit gesteckt hat, wieder wegzuwerfen.
ALBERT EINSTEIN

Sie sind Frühaufsteher und werfen Ihren Motor gleich nach dem Frühstück an. Gut so, denn damit beweisen Sie Willensstärke und Leistungsbereitschaft.

In fünfzig Jahren hat mich die Sonne noch nicht einmal im Bett erwischt.
THOMAS JEFFERSON

Nichts ist mühsam, was man willig tut.
THOMAS JEFFERSON

Sollten Sie dennoch einmal nicht aus den Federn kommen, so prägen Sie sich die folgenden Sätze des großherzoglichen Angestellten Johann Wolfgang von Goethe ein, dann klappt es beim nächsten Mal besser:

Was aber ist deine Pflicht? Die Forderung des Tages.

Niemand weiß, wie weit seine Kräfte gehen, bis er sie versucht hat.

Jedem redlichen Bemühn sei Beharrlichkeit verliehn.

... bei alledem sollten Sie aber auch an Ihre Gesundheit denken:

Es ist gesünder, nichts zu hoffen und das Mögliche zu schaffen, als zu schwärmen und nichts zu tun.
GOTTFRIED KELLER

Wer keine Zeit für Erholung findet, wird früher oder später Zeit für Krankheit finden.
JOHN WANAMAKER

Mit der Leistung stellt sich der Hochmut ein.
LAOTSE

... bei ihnen Fehlanzeige; haben Sie nicht nötig.

Es gibt nur drei Methoden, um leben zu können: betteln, stehlen und etwas leisten!
GABRIEL MIRABEAU

... weder noch; vom Ererbten lässt es sich meist noch besser leben.

Es kommt weniger darauf an, was man leistet, als vielmehr darauf, wo man es leistet.
JOHANN NESTROY

... und wenn sich doch einmal Trägheit und Faulheit einschleichen sollten, denken Sie an die Worte von Jean Paul:

Der Müßiggang ist das Kopfkissen des Teufels.

Arbeits- und Leistungsfanatiker sollten sich folgende Worte hinter die Ohren schreiben:

Man habe Energie ohne Fanatismus, Grundsätze ohne Demagogie und Strenge ohne Grausamkeit.
NAPOLEON BONAPARTE

Anstrengung ist für edle Geister eine Stärkung.
SENECA

Motivationstipp:

Lasst denjenigen, der die Welt bewegen will, zunächst sich selbst bewegen.
SOKRATES

Der Reichtum kommt nicht von der Umverteilung, der Reichtum kommt von Fleiß und Leistung.
FRANZ JOSEF STRAUSS

Es ist immer die Leistung, die bestimmt, wer zur Elite zählt.
LUDWIG MARCUSE

Dass Arbeit und Leistung für Sie Glücksmomente bereithalten, haben Sie mit dem großen Philosophen Friedrich Nietzsche gemein:

In allen Augenblicken, wo wir unser Bestes tun, arbeiten wir nicht. Arbeit ist nur ein Mittel zu diesen Augenblicken.

Wenn der Mensch alles leisten soll, was man von ihm fordert, so muss er sich für mehr halten, als er ist.
JOHANN WOLFGANG VON GOETHE

Was noch zu leisten ist, das bedenke, was du schon geleistet hast, das vergiss.
MARIE VON EBNER-ESCHENBACH

Denn das Bessere vollbringt immer auch eine bessere Leistung.
ARISTOTELES

Es ist das Zeichen einer außerordentlichen Leistung, dass selbst die größten Neider sie loben müssen.
LA ROCHEFOUCAULD

Jede künstlerische Leistung ist ein Sieg über die menschliche Trägheit, sagte Herbert von Karajan, Ihr großes Vorbild.

Nur wer etwas leistet, kann sich etwas leisten.
MICHAIL S. GORBATSCHOW

Alles kann der Edle leisten, der versteht und rasch ergreift.
JOHANN WOLFGANG VON GOETHE

Sie sind der typische Karrieretyp, der weiß, was er will und kann ...

Am sichersten macht man Karriere, wenn man den anderen den Eindruck vermittelt, es sei für sie von Nutzen, einem zu helfen.
JEAN DE LA BRUYÈRE

... klug!

Von unten hinauf zu dienen ist überall notwendig.
JOHANN WOLFGANG VON GOETHE

... der solideste Karriereweg!!

Karrieremachen setzt Leidensdruck voraus ... den haben Sie ausreichend!

Zum Vorwärtskommen gehört Unangenehmes; wenn du höher hinauf willst als die große Menge, so mache dich zum Leiden bereit.
CARL HILTY

Darum geht es: Man muss immer die nächste Sprosse anpeilen, so verrückt das klingen mag.
LEE IACOCCA

Lassen Sie sich nicht von jenen an Ihrem beruflichen Aufstieg behindern, die an Ihrem Rockzipfel hängen. Notfalls steigern Sie das Tempo und lassen die anderen zurück.

Die, die oben standen, traten nach unten, und die, die unten standen, zerrten einen am Rock, wenn man nach oben wollte.
AUGUST STRINDBERG

... schütteln Sie ganze einfach jene ab, die an Ihrem Rockzipfel hängen.

Manchmal ist es in diesem Leben so, dass man erst etwas wird, wenn man nichts mehr werden will.
WILLY BRANDT

Für Quereinsteiger und angehende Politiker gab Konrad Adenauer folgenden Ratschlag:

Es gibt zwei Wege für den politischen Aufstieg: Entweder man passt sich an oder man legt sich quer.

Nicht immer geht es auf der Zielgeraden voran. Ob Leiter oder Wendeltreppe, mit allem ist zu rechnen.

Jeder Aufstieg in große Höhen geschieht auf einer Wendeltreppe.
FRANCIS BACON

Karrieretipp:

Die Räder der Karriere werden am besten mit dem Fett der Schmeichelei geschmiert.
SIGMUND GRAFF

... Schmieröl bereit halten!

Erinnere dich immer daran, dass ein toter Fisch flussabwärts getrieben wird, und nur ein lebender Fisch kann flussaufwärts schwimmen.
W. C. FIELDS

Bedenke:

Karriere ist ein Pferd, das ohne Reiter vor dem Tor der Ewigkeit anlangt.
KARL KRAUS

Es gibt zwei Arten, in dieser Welt voranzukommen: entweder durch eigenes Bemühen oder durch die Dummheit anderer.
JEAN DE LA BRUYÈRE

Machen Sie sich's leicht und setzen Sie auf die Dummheit der anderen.

Wer nicht Meister sein will, muss eben Gesell bleiben und Vorgesetzte haben sein Leben lang.
GOTTFRIED KELLER

Es liegt in der Natur der Macht wie in der des Ruhms, dass sie im Lauf der Zeit zunimmt.
THOMAS HOBBES

Die Perle kann ohne Reibung nicht zum Glänzen, der Mensch ohne Anstrengung nicht vervollkommnet werden.
KONFUZIUS

Sie kennen die Formeln des Erfolgs. Beruflich nutzen Sie alle Chancen, die sich Ihnen bieten.

Meine Formel für Erfolg? Steh früh auf, arbeite bis spät abends, finde Öl.
JEAN PAUL GETTY

Wenn A für Erfolg steht, gilt die Formel A = X + Y + Z. X ist Arbeit, Y ist Muße und Z ist Mundhalten.
ALBERT EINSTEIN

Um in der Welt Erfolg zu haben, braucht man Tugenden, die beliebt, und Fehler, die gefürchtet machen.
JOSEPH JOUBERT

Wer dauerhaften Erfolg will, muss sein Vorgehen ständig ändern.
NICCOLÒ MACHIAVELLI

Was braucht man, um erfolgreich zu sein? Unwissenheit und Selbstvertrauen.
MARK TWAIN

Einige werden groß geboren, einige erlangen Größe, und einigen wird die Größe hinterhergeworfen.
WILLIAM SHAKESPEARE

... ärgerlich, aber nicht zu ändern.

Für seine Arbeit muss man Zustimmung suchen, aber niemals Beifall.
CHARLES DE MONTESQUIEU

Das Geheimnis des Erfolges ist, den Standpunkt des anderen einzunehmen.
HENRY FORD

Der Erfolgreichste im Leben ist der, welcher die besten Informationen besitzt.
BENJAMIN DISRAELI

Der Erfolg eines Menschen ist immer im Grundgefüge seiner Persönlichkeit begründet.
RALPH WALDO EMERSON

Erfolg ist der Raum, den man in der Zeitung einnimmt.
ELIAS CANETTI

... sorgen Sie also für inhaltsträchtige Schlagzeilen!

Erfolg hat nur, wer etwas tut, während er auf den Erfolg wartet.
THOMAS ALVA EDISON

Ein kluger Mann wird sich mehr Gelegenheiten verschaffen als sich ihm darbieten.
FRANCIS BACON

Das Wissen um den richtigen Zeitpunkt ist der halbe Erfolg.
MAURICE COUVE DE MURVILLE

Die Erfolgreichen suchen sich die Umstände, die sie brauchen, und wenn sie sie nicht finden, schaffen sie sich die Umstände selber.
GEORGE BERNARD SHAW

Zum Erfolg gehört aber auch, dass man sich selber motiviert. Probieren Sie es doch einmal mit Holzhacken:

Holzhacken ist deshalb so beliebt, weil man bei dieser Tätigkeit den Erfolg sofort sieht.
ALBERT EINSTEIN

... allerdings hat der Erfolgreiche auch Neider, denn:

Erfolg ist so ziemlich das letzte, was einem vergeben wird.
TRUMAN CAPOTE

Wenn ein Mann Erfolg hat, sind es die Neider, die am eifrigsten gratulieren.
SULLY PRUDHOMME

Dein Erfolg enthält immer etwas, das selbst deinen besten Freunden missfällt.
OSCAR WILDE

Jeder Erfolg, den wir erzielen, verschafft uns einen Feind. Um beliebt zu sein, muss man ein unbedeutender Mensch sein.
OSCAR WILDE

Auch Erfolg wird bestraft. Die Strafe besteht darin, dass man mit Leuten zusammenkommen muss, die man früher meiden durfte.
JOHN UPDIKE

Erfolg erzeugt Erfolg wie Geld das Geld.
NICOLAS CHAMFORT

Ich habe im Leben Erfolg gehabt. Jetzt versuche ich, das Leben zum Erfolg zu machen.
BRIGITTE BARDOT

Jener Satz hat schon vielen Menschen zum Erfolg verholfen:

Sei doch unverschämt, dann wirst du Erfolg haben!
JEAN DE LA BRUYÈRE

... und noch eine Unverschämtheit, die Sie sich leisten sollten:

Um Erfolg zu haben, muss man Wasser zum Wein mischen, bis kein Wein mehr da ist.
JULES RENARD

Ihre Erfolgsstrategie ist so einfach wie effizient:

Um Erfolg zu erringen, benimmt man sich möglichst so, als ob man ihn schon hätte.
LA ROCHEFOUCAULD

Sich des Erfolges freuen ist etwas anderes, als ihn für sich in Anspruch zu nehmen.
DAG HAMMARSKJÖLD

... und doch hängt alles von den Frauen ab:

Es gibt keinen Erfolg ohne Frauen, *so Kurt Tucholsky.*

Auf dem gesellschaftlichen Bankett bewegen Sie sich wie der Fisch im Wasser. Standesobergrenzen gibt es für Sie nicht. Mit Ihrem Charme gelingt es Ihnen, überall Kontakte zu knüpfen und Aufmerksamkeit zu erregen.

Die beste Gesellschaft nennt sich so, um sich von der guten zu unterscheiden.
WERNER SCHNEYDER

Wer das Gesellschaftliche anders als symbolisch nimmt, geht fehl.
HUGO VON HOFMANNSTHAL

Die Gesellschaft ist ein Maskenball, auf dem jeder seinen wahren Charakter verbirgt und ihn durch das Verbergen verrät.
RALPH WALDO EMERSON

Mit den rechten Leuten wird man was.
JOHANN WOLFGANG VON GOETHE

Tipp: Studieren Sie die Gästeliste!

Leider befindet man sich nicht immer unter den richtigen Leuten. Dann ist es besser sich selbst Gesellschaft zu leisten, *meint der Dichter Novalis*

Alle Lumpen sind gesellig, zum Erbarmen.
ARTHUR SCHOPENHAUER

Was gute Gesellschaft genannt wird, ist meistens nur ein Mosaik von geschliffenen Karikaturen.
FRIEDRICH VON SCHLEGEL

Schlechte Gesellschaft gleicht einem Hunde. Er beschmutzt die, denen er am meisten zugetan ist.
JONATHAN SWIFT

Ich hasse jede Gesellschaft, die kleiner ist als die menschliche.
LUDWIG BÖRNE

Manchmal reichen schon gute Manieren aus, um in der Gesellschaft zu brillieren.

Gesellschaftlich ist kaum etwas so erfolgreich wie Dummheit mit guten Manieren.
VOLTAIRE

In der Gesellschaft gibt die Vernunft stets als Erste nach.
JEAN DE LA BRUYÈRE

Oft färbt die Gesellschaft auf einen Menschen ab. Zeigen Sie sich deshalb als bunter Kosmopolit, der es gewohnt ist, auf allen Hochzeiten zu tanzen.

Jeder gleicht der Gesellschaft, in der er sich meist aufhält.
EURIPIDES

Eine Menge ist noch keine Gesellschaft.
FRANCIS BACON

Man könnte die Gesellschaft mit einem Theater vergleichen: die Logenplätze setzen einen höheren Eintritt voraus.
ANTOINE DE RIVAROL

Tipps für den gesellschaftlichen Umgang:

Treibe dich in der Gesellschaft weder wie ein Löwe um noch wie eine Stechmücke; denn jenem geht man aus dem Wege und diese belauert man.
METRODOROS

Tritt, wenn du zuerst in Gesellschaft kommst, bescheiden auf, jedoch ohne die mindeste Schüchternheit oder Blödigkeit, sicher, ohne Unverschämtheit und ohne Verlegenheit, so als seist du in deinem eigenen Zimmer.
EARL OF CHESTERFIED

Man sollte nur den Umgang solcher Menschen suchen, denen gegenüber man sich zusammennehmen muss.
ERNST VON FEUCHTERSLEBEN

Hüte dich vor übler Gesellschaft! Du hast dabei am Ende jedes Mal noch mehr Haare gelassen, als die Leute auf den Zähnen hatten, mit denen du beisammen warst.
HEIMITO VON DODERER

Hast du Verstand und ein Herz, so zeige nur eines von beiden, beides verdammen sie dir, zeigest du beides zugleich.
FRIEDRICH HÖLDERLIN

Lerne den Ton der Gesellschaft anzunehmen, in der du dich befindest.
ADOLPH FREIHERR VON KNIGGE

Sei dir selber ein angenehmer Gesellschafter!
ADOLPH FREIHERR VON KNIGGE

Manche Menschen gelten nur deshalb etwas in der Welt, weil ihre Fehler die Fehler der Gesellschaft sind.
LA ROCHEFOUCAULD

Die falschen Gesichter auf einer Party zu sehen, macht wahrlich keine Freude. Zeigen Sie sich dennoch überrascht und erfreut, und ziehen Sie eine der üblichen Masken auf.

Es tut mir lang schon weh,
Dass ich dich in Gesellschaft seh!
JOHANN WOLFGANG VON GOETHE

... ein Klassiker, dem nichts hinzuzufügen ist!

Bisher habe ich viele Masken gesehen; wann werde ich menschliche Gesichter erblicken?
JEAN-JACQUES ROUSSEAU

Bleibe mir jeder ferne, der meint, ich sei für seine Langeweile gerade gut.
EMIL GÖTT

Je verbreiteter die Geselligkeit, desto frostiger die Herzen.
KARL JULIUS WEBER

Von der besten Gesellschaft sagt man: Ihr Gespräch ist unterrichtend, ihr Schweigen bildend.
JOHANN WOLFGANG VON GOETHE

Man mag die Gesellschaft nicht lieben oder über sie spotten; man kann sie doch nicht entbehren.
JEAN DE LA BRUYÈRE

Gesellschaften sind Unterhaltungen zwischen Neugierigen und Vorsichtigen.
SIGMUND GRAFF

Wehe aber, wer sich dem Gelächter aussetzt; er ist auf ewig gebrandmarkt.
JEAN-JACQUES ROUSSEAU

Überall verschwört sich die Gesellschaft gegen die Mannhaftigkeit jedes ihrer Mitglieder.
ALBERT EINSTEIN

In der Gesellschaft werden die Männer klein, von den Frauen bleibt fast nichts übrig.
NICOLAS CHAMFORT

Ich gehe nicht gern auf Gesellschaften. Ich komme stets zu früh, und das verdrießt mich.
JULES RENARD

Es muss verschiedene Rangstufen geben, da alle Menschen herrschen wollen und nicht alle es können.
BLAISE PASCAL

Die einen erheben sich in der Gesellschaft von Menschen, die anderen sinken ab.
LEO N. TOLSTOI

Ihre Anziehungskraft ist gravitätisch und Ihr Charme unwiderstehlich.

Alle charmanten Leute sind verwöhnt. Darin liegt das Geheimnis ihrer Anziehungskraft.
OSCAR WILDE

Ohne Talent zur Liebenswürdigkeit kein Talent zum Glücklichsein.
MARIE VON EBNER-ESCHENBACH

Jedenfalls kann man schlecht sein und dennoch durch Geist, Gefühl und angenehme Manieren entzücken.
F. M. DOSTOJEWSKI

Gute Manieren bedürfen der Unterstützung durch gute Manieren bei anderen.
RALPH WALDO EMERSON

Sie lächeln und lachen gern in Gesellschaft, dass macht Sie zu einem gern gesehenen Gast. Anderseits:

Man grinst immer, wenn man neue Bekanntschaft macht.
JOHANN NESTROY

Lachen: Ausdruck der gekitzelten Eitelkeit.
WILHELM BUSCH

Es lacht der Tor, auch wenn es nichts zu lachen gibt.
MENADROS

Trotzdem sollte man stets kontrolliert lachen, empfiehlt Epiktet:

Lache nicht oft, nicht über viele Dinge und nicht übermäßig.

Überhaupt: Der Mensch soll nicht lachen, wenn die ganze Welt weint, *meint Michelangelo.*

Ihr Lachen sollte also Stil haben und nicht zur unrechten Zeit kommen.

Die Anfälligkeit für Lachattacken ist einer der Hauptunterschiede zwischen Menschen und Tier.
AMBROSE BIERCE

Zum Lachen braucht es immer ein wenig Geist; das Tier lacht nicht.
GOTTFRIED KELLER

Lache nicht über die Dummheit der anderen! Sie ist deine Chance.
HENRY FORD

... andererseits kann ein Lächeln Tür und Pforte öffnen:

Lachen und Lächeln sind Tor und Pforte, durch die viel Gutes in den Menschen hineinhuschen kann.
CHRISTIAN MORGENSTERN

Schön ist es, miteinander zu schweigen, schöner – miteinander zu lachen.
FRIEDRICH NIETZSCHE

Wer grundlos lacht, lacht am besten.
EPHRAIM KISHON

Eine Welt, wo so viel gelacht wird, kann so schlecht nicht sein.
FRIEDRICH THEODOR VON VISCHER

Der verlorenste aller Tage ist der, an dem man nicht gelacht hat.
NICOLAS CHAMFORT

Das Lachen ist die sicherste Probe auf einen Menschen.
F. M. DOSTOJEWSKI

Apropos Zähne:

Man kann auch mit lauter schlechten Zähnen ein falsches Lächeln produzieren.
GABRIEL LAUB

Lächeln ist die eleganteste Art, seinen Gegnern die Zähne zu zeigen.
WERNER FINCK

Ein Lächeln ist oft das Wesentliche. Man wird mit einem Lächeln belohnt oder belebt.
ANTOINE DE SAINT-EXUPÉRY

Lächeln ist der Regenbogen zwischen Lachen und Weinen.
ANITA

Der kürzeste Weg zwischen zwei Menschen ist ein Lächeln.
HENRY SOKAL

Lächeln heißt die Gegenwart begrüßen.
PETER HORTON

Lächeln ist das Kleingeld des Glücks.
HEINZ RÜHMANN

Wenn dem Menschen am Ende seines Lebens ein Lächeln übrig bleibt, so ist das ein sehr anständiger Reingewinn.
HORST WOLFRAM GEISSLER

Wie der Umgang, so der Fortgang:

Gesell dich einem Bessern zu,
Dass mit ihm deine bessern Kräfte ringen.
Wer selbst nicht weiter ist als du,
Der kann dich auch nicht weiter bringen.
FRIEDRICH RÜCKERT

Bei schlechter Umgebung wirst du selber schlecht.
MENADROS

Der Umgang mit Altersgenossen ist angenehmer, der mit Älteren sicherer.
AMBROSIUS

Es gehört Mut dazu, den intelligenten Menschen dem besonders netten Menschen vorzuziehen.
JULES RENARD

Jedermann geht gern mit einem Menschen um, wenn man sich auf seine Pünktlichkeit in Wort und Tat verlassen kann.
ADOLPH FREIHERR VON KNIGGE

Sage mir, mit wem du umgehst, und ich werde dir sagen, wer er ist.
LUDWIG MARCUSE

Als Meister der Konversation wissen Sie die Worte und Akzente richtig zu setzen.

Der Unterscheid zwischen dem richtigen und dem beinahe richtigen Wort ist derselbe wie zwischen dem Blitz und einem Glühwürmchen.
MARK TWAIN

Bei der Wahl der Worte genügt allein, dass sie den rechten Sinn ausdrücken.
KONFUZIUS

Ein redliches Wort macht Eindruck, schlicht gesagt.
WILLIAM SHAKESPEARE

Es gibt schließlich kein Wort mehr, das nicht schon früher gesagt worden wäre.
TERENZ

Falsch Gebild und Wort
Verändern Sinn und Wort.
JOHANN WOLFGANG VON GOETHE

Ehe man ein schönes Wort anwendet, muss man ihm einen Platz bereiten.
JOSEPH JOUBERT

Ein Wort ist noch nicht dadurch erledigt, dass es, in aller Munde, breiig geworden ist.
LUDWIG MARCUSE

Wenn in Gesellschaft Small Talk angesagt ist, glänzen Sie durch zahlreiche Bonmots und Anekdoten. In Ihrer Gegenwart wird jedes Fest und jede Party zu einem Ereignis. Der Ruf als Salonlöwe eilt Ihnen voraus.

Kann man sich selber nicht unterhalten und amüsieren,
wo will man andere unterhalten und amüsieren.
VAUVENARGUES

Eine gute Unterhaltung erträgt so wenig einen Diktator
wie ein freies Staatswesen.
EARL OF CHESTERFIELD

Verwirrungen und Missverständnisse sind die Quellen des
tätigen Lebens und der Unterhaltung.
JOHANN WOLFGANG VON GOETHE

Es gibt keinen Kampfplatz, wo die Eitelkeit sich in mannigfacherer Gestalt zeigt, als in der Unterhaltung.
GERMAINE BARONIN VON STAËL

Man merkt leider immer zu spät, dass die Menschen nicht
belehrt, sondern unterhalten sein wollen.
EMIL GÖTT

Unterhaltung besteht meistens nicht darin, dass man
selbst etwas Gescheites sagt, sondern dass man etwas
Dummes anhören muss.
WILHELM BUSCH

Wer immer zu dir spricht, wende dich ihm zu und sieh
ihn an.
EARL OF CHESTERFIELD

Hüten Sie sich vor Geschwätzigkeit!

Die Welt besteht aus lauter Geschwätz, jeder Mensch redet eher zu viel als zu wenig.
MICHEL DE MONTAIGNE

Reden ohne Schweigen wird Geschwätz.
ROMANO GUARDINI

Ein Komma am falschen Ort kann unglaublich geschwätzig sein.
HENRY DE MONTHERLANT

Wer eine Rede halten muss, sollte sich gut vorbereiten.

Um eine gut improvisierte Rede halten zu können, braucht man mindestens drei Wochen.
MARK TWAIN

... oder einen guten Ghostwriter!

Eine gute Rede soll das Thema erschöpfen, nicht die Zuhörer.
SIR WINSTON CHURCHILL

Alle menschlichen Organe werden irgendwann einmal müde, nur die Zunge nicht.
KONRAD ADENAUER

Sprachkürze gibt Denkweite.
JEAN PAUL

Leute, die wie der Donner reden, handeln selten wie der Blitz.
FRANZ VON SCHÖNTHAN

Wer so spricht, dass er verstanden wird, spricht immer gut.
MOLIÈRE

Beredsamkeit ist die Kunst, die Dinge so auszudrücken, dass die, zu denen wir sprechen, mit Vergnügen zuhören.
BLAISE PASCAL

Was den Rednern an Tiefe mangelt, ersetzen sie durch Weitschweifigkeit.
MONTESQUIEU

Man muss denken wie die wenigsten und reden wie die meisten.
BALTASAR GRACIÁN Y MORALES

... damit erreichen Sie immer ein großes Publikum!

Jeder spricht Unsinn. Ein Unglück ist nur, wenn man es feierlich tut.
MICHEL DE MONTAIGNE

Die Rede ist die Kunst, Glauben zu erwecken.
ARISTOTELES

Jede Rede gleicht der Belagerung der Seele des Hörers.
JOHANNES CHRYSOSTOMUS

Nichts ist schwerer, als bedeutende Gedanken so auszudrücken, dass jeder sie verstehen muss.
ARTHUR SCHOPENHAUER

Was sich sagen lässt, lässt sich klar sagen, und wovon man nicht reden kann, darüber muss man schweigen.
LUDWIG WITTGENSTEIN

Klar, dass ein Mann wie Sie auch viele Freunde hat. Freundschaften pflegen Sie deshalb ganz besonders.

Auf den Wegen der Freundschaft soll man kein Gras wachsen lassen.
MARIE-THÉRÈSE GEOFFRIN

Besitz findet Freunde.
TITUS MACCIUS PLAUTUS

Dasselbe zu wollen und dasselbe nicht zu wollen, gerade darin liegt beständige Freundschaft.
SALLUST

Die breite Menge misst Freundschaften an ihrem Nutzen.
OVID

In der Freundschaft knacke ich zu gerne neue Nüsse.
JULES RENARD

Die meisten Freundschaften sind bloße Beziehungen, die dank stillschweigender Übereinkunft weiter bestehen.
NICOLAS CHAMFORT

Freundschaft ist weit tragischer als Liebe. Sie dauert länger.
OSCAR WILDE

Mit der Zeit bewerten wir unsere Freunde nach der Feinheit ihres Taktgefühls.
PAUL VALÉRY

Es gibt nur eines, das schwieriger ist, als Freunde zu gewinnen: sie dann auch wieder loszuwerden.
MARK TWAIN

... auch das kann man üben!

Die guten Freunde sind da, um uns zu sagen, was unsere Feinde von uns denken.
MARIE VON EBNER-ESCHENBACH

... also gut zuhören!

Ein Freund ist ein Mensch, vor dem man laut denken kann.
RALPH WALDO EMERSON

Man erwirbt keine Freunde, man erkennt sie.
WILHELM BUSCH

Dem Vogel ein Nest, der Spinne ein Netz, dem Menschen – Freundschaft.
WILLIAM BLAKE

Wähle einen Freund langsam, wechsle ihn noch langsamer.
BENJAMIN FRANKLIN

Wenn meine Freunde einäugig sind, betrachte ich ihr Profil.
JOSEPH JOUBERT

Klar, dass ein Mann wie Sie auch viele Feinde hat. Dennoch kämpfen Sie tapfer an allen Fronten und tragen einen Sieg nach dem anderen davon. Manchmal können Feinde sogar nützlich sein.

Liebe deine Feinde, denn sie verraten dir deine Fehler.
BENJAMIN FRANKLIN

Lieber aus ganzem Holz eine Feindschaft, als eine geleimte Freundschaft.
FRIEDRICH NIETZSCHE

Vom wahren Gegner fährt grenzenloser Mut in dich.
FRANZ KAFKA

Ein Weiser nutzt seine Feinde besser aus als ein Narr seine Freunde.
BALTASAR GRACIÁN Y MORALES

Unseren Feinden haben wir viel zu verdanken. Sie verhindern, dass wir uns auf die faule Haut legen.
THORNTON WILDER

Selbst von einem Feind kann der Mensch Weisheit lernen.
ARISTOPHANES

Der Umstand, dass wir Feinde haben, beweist klar genug, dass wir Verdienste besitzen.
LUDWIG BÖRNE

Sobald man Gutes tun will, kann man sicher sein, Feinde zu haben.
VOLTAIRE

Vergib stets deinen Feinden. Nichts ärgert sie so.
OSCAR WILDE

Unsere wahren Feinde sind schweigsam.
PAUL VALÉRY

Verkneifen Sie sich PR für Ihre Feinde, denn:

Feinde soll man nicht schlechter machen, als sie ohnehin schon sind.
MARK TWAIN

Schreibe deinem Gegner nie schlechtere Motive zu als deine eigenen.
SIR JAMES M. BARRIE

Man darf nie glauben, der Feind handle, ohne zu wissen, was er tut.
NICCOLÒ MACHIAVELLI

Ich tue recht und scheue keinen Feind.
FRIEDRICH SCHILLER

Neid soll es auch in der vornehmsten Gesellschaft geben. Sie selber sind frei davon, denn Sie haben Format und Größe.

Andere neidlos Erfolge erringen sehen, nach denen man selbst strebt, ist Größe.
MARIE VON EBNER-ESCHENBACH

Die größte Genossenschaft auf Erden ist die Neidgenossenschaft.
HELMUT QUALTINGER

Das beste Kennzeichen angeborener Vorzüge ist angeborene Neidlosigkeit.
LA ROCHEFOUCAULD

Bewunderung ist glückliche Selbstverlorenheit, Neid unglückliche Selbstbehauptung.
SÖREN KIERKEGAARD

Wer von niemandem beneidet wird, der ist nichts wert.
EPICHARMOS

Der Neid ist die aufrichtigste Form der Anerkennung.
WILHELM BUSCH

Man soll sich nicht anstrengen, Neidische zufrieden zu stellen.
VAUVENARGUES

Wer unbeneidet wandelt, ist nicht beneidenswert.
AISCHYLOS

Die üble Nachrede und der schlechte Ruf gehen oft Hand in Hand. Andererseits hat auch die üble Nachrede seinen Reiz:

Hat nicht jede üble Nachrede, wenn sie über einen Abwesenden hergeht, etwas unglaublich Reizendes?
JOHANN WOLFGANG VON GOETHE

Überlege oft, was du über jemanden sagst und wem du es sagst.
HORAZ

Üble Nachrede ist die Erleichterung der Bösartigkeit.
JOSEPH JOUBERT

Man redet niemand lieber Übles nach als einem, dem man vergeblich geschmeichelt hat.
KARL HEINRICH WAGGERL

Unter zehn Personen, die über uns sprechen, sagen uns neun Böses nach, und die einzige, die Gutes sagt, sagt es schlecht.
ANTOINE COMTE DE RIVAROL

Die üble Nachrede trägt den Ruf der Schlechten weiter als der erlangte Beifall den der Guten.
BALTASAR GRACIÁN Y MORALES

Sie haben Taktgefühl und sind damit gesellschaftstauglich.

Das Leben ist eine Taktfrage.
OSCAR WILDE

Hohen Sinn bekundet es, Taktlosigkeit gelassen zu ertragen.
EURIPIDES

Was das Gesetz nicht verbietet, verbieten Takt und Anstand.
GUSTAV W. HEINEMANN

Urteilskraft ist nicht bei jeder Gelegenheit erforderlich, Takt aber immer.
EARL OF CHESTERFIELD

Takt ist die Kunst, einen Erfolg zu erzielen, ohne sich einen Feind zu machen.
ISAAC NEWTON

Takt ist die innere Uhr, die uns sagt, wie viel es geschlagen hat.
MAURICE CHEVALIER

Aufrichtigkeit ist die Zuflucht derer, die weder Phantasie noch Taktgefühl haben.
HENRY DE MONTHERLANT

Toleranz heißt die Fehler des anderen entschuldigen. Takt heißt sie nicht zu bemerken.
ARTHUR SCHNITZLER

Geld & Macht

Geld bedeutet gar nichts,
außer man hat es.

Stavros Spyros Niarchos

Geld ist nicht alles, aber manchmal geht ohne Geld überhaupt nichts.

Du musst Geld ausgeben, wenn du Geld verdienen willst.
PLAUTUS

Wenn einer Geld hat, darf er dumm sein, wie er will.
OVID

Geld hat die Eigenschaft, anderes Geld anzuziehen.
BENJAMIN FRANKLIN

... weshalb Sie sich vorzugsweise im Kreise potentieller Gastgeber aufhalten!

Wo viel Geld ist, geht immer ein Gespenst um.
THEODOR FONTANE

Der Geist denkt, das Geld lenkt.
OSWALD SPENGLER

Klischee!

Es ist besser, ein dauerhaftes Einkommen zu haben, als faszinierend zu sein.
OSCAR WILDE

Geld ist wie ein Arm oder ein Bein – benutze oder verliere es.
HENRY FORD

Geld ist geprägte Freiheit.
F. M. DOSTOJEWSKI

Seien Sie gegenüber Bankern auf der Hut, und vergessen Sie nicht, bei Ihrem nächsten Bankenbesuch den Regenschirm mitzunehmen, denn:

Ein Bankier ist ein Mensch, der seinen Schirm verleiht, wenn die Sonne scheint, und der ihn sofort zurückhaben will, wenn es zu regnen beginnt.
MARK TWAIN

Wenn du den Wert des Geldes kennenlernen willst, versuche, dir welches zu borgen.
BENJAMIN FRANKLIN

... verzichten Sie auf dieses Lehrstück, und legen Sie sich ein Sparbuch für den Notfall an.

Wo Geld vorangeht, sind alle Wege offen.
WILLIAM SHAKESPEARE

Bis auf Verdienste und Ruhm ist alles für Geld zu haben.
CHRISTINE VON SCHWEDEN

Wer der Ansicht ist, dass Geld alles verschafft, kann leicht in den Verdacht kommen, dass er alles für Geld tut.
LORD HALIFAX

Es gibt Leute, die zahlen für Geld jeden Preis.
ARTHUR SCHOPENHAUER

... zu diesen Leuten gehören Sie nicht.

Geld gleicht dem Seewasser: je mehr davon getrunken wird, desto durstiger wird man.
ARTHUR SCHOPENHAUER

Die Wege, auf denen man Geld gewinnen kann, führen ausnahmslos abwärts.
HENRY DAVID THOREAU

Keine Festung ist so stark, dass Geld sie nicht einnehmen kann.
CICERO

Geld gleicht dem Dünger, der wertlos ist, wenn man ihn nicht ausbreitet.
FRANCIS BACON

... Sie sind ein guter Landwirt und sorgen für fruchtbare Felder.

Weisheit der Milliardäre:

Wenn man kein Geld hat, denkt man immer an Geld.
Wenn man Geld hat, denkt man nur noch an Geld.
JEAN PAUL GETTY

Geld im rechten Augenblick zu haben, das allein ist Geld.
DETLEV FREIHERR VON LILIENCRON

Endlich weiß ich, was den Menschen vom Tier unterscheidet: Geldsorgen.
JULES RENARD

... und trotzdem möchte keiner von uns ins Tierreich zurück!

Geld ist das Brecheisen der Macht.
FRIEDRICH NIETZSCHE

Wenn man jung ist, denkt man, Geld sei alles, und erst wenn man älter wird, merkt man, dass es alles ist.
OSCAR WILDE

Vielleicht verdirbt Geld den Charakter. Auf keinen Fall aber macht Mangel an Geld ihn besser.
JOHN STEINBECK

Man gibt Geld aus, das man nicht hat, für Dinge, die man nicht braucht, um damit Menschen zu imponieren, die man nicht mag.
WALTER WINCHELL

... da spielen Sie nicht mit!

Geld: eine Wohltat, die wir genießen, indem wir uns von ihr trennen.
AMBROSE BIERCE

Mit Geld kann man einen guten Hund kaufen, aber nicht das Wedeln seines Schwanzes.
JOSH BILLINGS

Geld ist eine Form der Energiespeicherung.
John Culkin

Geld kostet oft zu viel.
Ralph Waldo Emerson

Über Geld spricht man nicht – man hat es.
Jean Paul Getty

... dem können Sie sich nur anschließen.

Wenn man weiß, wie viel Geld man hat, ist man kein reicher Mann.
Jean Paul Getty

Geld ist der sechste Sinn; der Mensch muss ihn haben – denn ohne ihn kann er die anderen fünf nicht voll ausnützen.
William Somerset Maugham

Alles was wirklich nützt, ist für wenig Geld zu haben. Nur das Überflüssige kostet viel.
Axel Munthe

Wenn ein Mensch behauptet, mit Geld lasse sich alles erreichen, darf man sicher sein, dass er nie welches gehabt hat.
Aristoteles Onassis

Ihr Geld ist nicht weg, mein Freund, es hat nur ein anderer.
Jean-Jacques Rousseau

Es stimmt, dass Geld nicht glücklich macht. Allerdings meint man damit das Geld der anderen.
GEORGE BERNARD SHAW

Das Geld ist eines der großartigsten Werkzeuge der Freiheit, die der Mensch jemals erfunden hat.
FRIEDRICH AUGUST VON HAYEK

Geld ist ein guter Soldat, mein Herr, und macht sich Bahn.
WILLIAM SHAKESPEARE

... lehren Sie andere das Fürchten!

Der Satz «Geiz ist geil» stammt nicht von Ihnen. Und überhaupt ist Geiz alles andere als geil; Sie verabscheuen geizige Leute ganz besonders.

Der Geiz ist so dumm, dass er sich nicht einmal auf das Rechnen versteht.
MONTESQIEU

Ein Geizhals ist ein Mensch, der sich an das Geld verliert, nachdem er es gewonnen hat.
KARL HEINRICH WAGGERL

Geiz ist die letzte und tyrannischste unserer Leidenschaften.
VAUVENARGUES

... sagen wir ihm den Kampf an!

Der Geizige leidet Mangel an dem, was er hat, wie an dem, was er nicht hat.
PUBLILIUS SYRUS

Wenn die Geizhälse nicht das kriegen, was sie wollen, fallen sie in eine Traurigkeit, aus der sie sich nicht leicht erheben können.
HILDEGARD VON BINGEN

Geld ist nichts. Aber viel Geld, das ist etwas anderes.
GEORGE BERNARD SHAW

Er ist die Schmeichelei, die Achtung, das Wohlwollen selbst, sobald es nur auf Worte ankommt; aber Geld? Da ist's aus.
MOLIÈRE

Kommt Ihnen ein solches Verhalten bekannt vor?!

Der Geizige liebt das Geld um seiner selbst willen, nicht wegen des Nutzens, den er daraus zieht.
MONTESQIEU

... und sollten Sie dennoch einmal selber des Geizes bezichtigt werden, so bedienen Sie sich der dreisten Aufforderung Goethes mit den Worten:

Ihr nennt mich einen kargen Mann;
Gebt mir, was ich verprassen kann.

Mit Geiz kann man auch Großes vollbringen, so die These von Niccolò Machiavelli:

In unserer Zeit haben nur die großes erreicht, die für knauserig gehalten wurden.

Ein besonderer Blitz nur für Geizige, der ihnen alles auf einmal wegnimmt.
ELIAS CANETTI

Geizhälse sind gewöhnlich auf nicht auf allzu viel stolz.
VAUVENARGUES

Geiz lässt sich nicht improvisieren.
VAUVENARGUES

Ganz gleich auf welchem Geschäftsfeld Sie sich tummeln, der Erfolg ist Ihnen meistens sicher. Außerdem wissen Sie Privates und Geschäftliches zu trennen.

Trenne alles, was eigentlich Geschäft ist, vom Leben.
JOHANN WOLFGANG VON GOETHE

Ein gutes Leben hat nur selten einen Menschen ruiniert. Was den Menschen in den Ruin treibt, sind die dummen Geschäfte.
CARL FÜRSTENBERG

Geschäfte, die weniger wichtig sind, brauchen deshalb noch nicht weniger lästig zu sein.
MONTAIGNE

Es ist eine bekannte Tatsache, dass man nicht genug aufpassen kann, wenn man mit Frauen geschäftlich zu tun hat.
STENDHAL

... leider wahr!

... andererseits haben Frauen oft den besseren Instinkt und das bessere Talent:

Von Natur sind die Frauen geborne Geschäftsleute;
berufen dazu vom Gleichgewichte ihrer Kräfte und
von ihrer sinnlichen Aufmerksamkeit.
JEAN PAUL

Ehrlichkeit zahlt sich nicht immer aus. Das gilt im Geschäftsleben ganz besonders. Es ist deshalb keine Schande, sich die unehrenhaften Geschäftspraktiken einzugestehen:

Man öffnet jeden Morgen sein Geschäft und legt die Waren aus, um seine Kunden zu betrügen; und man schließt am Abend, nachdem man den ganzen Tag über betrogen hat.
JEAN DE LA BRUYÈRE

Wer nie einmal betrogen wurde, kann kein Kenner von Geschäften werden.
CHINESISCHE SPRUCHWEISHEIT

Goldene Geschäftsregeln:

Für alles, was du verlorst, hast du etwas gewonnen, und für alles, was du gewinnst, verlierst du etwas.
RALPH WALDO EMERSON

Ist doch das Leben nur auf Gewinn und Verlust berechnet.
JOHANN WOLFGANG VON GOETHE

Um etwas desto gewisser zu gewinnen, muss man stets ein anderes aufgeben.
KAROLINE VON GÜNDERODE

Jeder Verlust ist für ein Glück zu achten, der höhere Gewinne zuwege bringt.
JACOB GRIMM

Mach keine schlechten Gewinne, sie sind so schlimm wie Verluste.
HESIOD

Bevor Sie jeden Tag Ihre Geschäftstätigkeit aufnehmen, lesen Sie diesen Vers. So wird bald aus Ihnen ein besserer Geschäftsmann(-frau).

Und setzet ihr nicht das Leben ein,
Nie wird euch das Leben gewonnen sein.
FRIEDRICH SCHILLER

Wer da handelt, der hat gewöhnlich den Gewinn; wer alles überlegt und zaudert, der nicht leicht.
KÖNIG XERXES I.

... manchmal geht der Ehrgeiz eben doch durch:

Man hat heute nicht nur Begierde, sondern Ehrgeiz nach Gewinn.
JOSEPH JOUBERT

Zum Thema Konkurrenz und Mitbewerber:

> Ja, wenn eine Schlacht gewonnen wäre dadurch, dass man den lautesten Trompeter wegschießt!
> ARTHUR SCHNITZLER

... die brutalste Art, einen Konkurrenten los zu werden.

Lebensweisheit

> Du musst steigen oder sinken, Du musst herrschen und gewinnen, Oder dienen und verlieren, Leiden oder triumphieren, Amboss oder Hammer sein.
> JOHANN WOLFGANG VON GOETHE

Tipp: Streben Sie die Hammer-Funktion an, dann tut das Leben nicht so weh.

> Woher der Gewinn auch stammen mag, sein Geruch ist gut.
> JUVENAL

> Es kommt darauf an, dass Sie sich ein Kapital bilden, das nie ausgeht.
> JOHANN WOLFGANG VON GOETHE

... gut gesagt, aber wie?!

Dreierlei zum Thema Schulden:

> Nur die Schulden, die man bezahlen kann, sind langweilig.
> FRANCIS M. PICABIA

Für Witze und Geldborger ist es heilsam, wenn sie uns unangemeldet überraschen.
HEINRICH HEINE

Es ist gewiss ein sicheres Zeichen, dass man besser geworden ist, wenn man Schulden so gerne bezahlt, als man Geld einnimmt.
GEORG CHRISTOPH LICHTENBERG

Alle Reichen stellen das Gold über die Verdienste.
JEAN-JACQUES ROUSSEAU

Ich bin als Mensch zu reich, um als Märtyrer zu leben.
SYLVIA PLATH

Ein wohl gepflegtes Haus, ein wohl gepflügtes Feld und eine kleine Frau voll guten Willens, das sind große Reichtümer.
BENJAMIN FRANKLIN

Bescheidenheit ist eine Zierde, die Sie sich hin und wieder leisten sollten!

Große Reichtümer werden weder ohne Sünde erworben noch ohne Sünde bewahrt.
ERASMUS VON ROTTERDAM

Eitelkeit ist das größte Interesse und die höchste Freude der Reichen.
VAUVENARGUES

... wie könnte es auch anders sein!

Schöne Sünden, wie alle schönen Dinge, sind das Vorrecht der Reichen.
OSCAR WILDE

Reichtum besteht nicht im Besitz von Schätzen, sondern in der Anwendung, die man von ihnen zu machen versteht.
NAPOLEON I.

Nichts in der Welt wird so gefürchtet wie der Einfluss von Männern, die geistig unabhängig sind.
ALBERT EINSTEIN

Die Kehrseite des Reichtums ist aber auch nicht ohne:

Je reicher einer ist, desto leichter ist es für ihn, ein Lump zu sein.
GILBERT KEITH CHESTERTON

Mit dem Reichtum fertigzuwerden, ist auch ein Problem.
LUDWIG ERHARD

... solche Probleme lieben Sie besonders.

Immer mehr Menschen fragen sich: Ab wann ist man eigentlich reich? Sollten auch Sie vor dieser Frage stehen, hier die Antwort:

Reich ist man erst dann, wenn man sich bei der Bilanz um einige Millionen Dollar irren kann, ohne dass es auffällt.
PAUL GETTY

Reich sein wird die, die als Dritte im großen Bett schläft.
JUVENAL

Reich zu sein hat seine Vorteile. Man hat zwar oft genug versucht, das Gegenteil zu beweisen, doch so recht gelungen ist dies nie.
JOHN KENNETH GALBRAITH

Reichtum beginnt im Kopf und nicht im Geldbeutel. Spielen Sie daher ruhig den Verschwender, Sie können es sich leisten.

Geistreich und wortarm – das sind die wohlhabendsten Leute!
FRANZ VON SCHÖNTHAN

Der Reichtum eines Menschen steht im Verhältnis zu den Dingen, die er sich leisten kann, außer Acht zu lassen.
HENRY DAVID THOREAU

Man muss nicht reicher scheinen wollen, als man ist.
GOTTHOLD EPHRAIM LESSING

Man kann Reichtum ohne Glück haben, wie man Frauen ohne Liebe hat.
ANTOINE DE RIVAROL

Sie brauchen nichts zu wissen, Sie sind ein reicher Mann, Aber ich bin ein armer Teufel, mir muss was einfallen.
JOHANN NESTROY

Reichtum kann Dummheit erdulden.
HORAZ

(Zitat mit begrenzter Haltbarkeit)

Fehlt rechter Sinn, ist Reichtum kein unschädlicher Hausgenosse.
SAPPHO

Reich ist, wer weise ist.
HORAZ

Reich ist derjenige, der einen so großen Besitz hat, dass er nichts mehr wünscht.
CICERO

Wenn der reich ist, der Wein besitzt, wie reich ist derjenige, der den Wein macht!
AUGUSTINUS

... tja, Unternehmer müsste man sein!

Gilt nicht für Sie, wohl aber für andere:

Der Weg zum Reichtum liegt hauptsächlich in zwei Wörtern: Arbeit und Sparsamkeit.
BENJAMIN FRANKLIN

Haben Sie das auch schon beobachtet?!

Menschen, die hart, habgierig und stets bereit sind, ihre Nachbarn auszunutzen, werden sehr reich.
GEORGE BERNARD SHAW

Das wirkliche Drama der reichen Leute ist, dass es immer noch reichere gibt.
KARL LAGERFELD

... darunter leiden Sie besonders.

Gehören Sie dagegen zu jenen Leuten, die den Gürtel enger schnallen müssen, so gleichen Sie die monetären Defizite mit Geist und Esprit aus.

Der Geist macht Augen, eine seiner besten Kreationen.
JOACHIM GÜNTHER

Es ist der Geist, der die Welt bewegt.
ANTOINE DE SAINT-EXUPÉRY

Wenn der Geist auf ein Ziel gerichtet ist, so kommt ihm vieles entgegen.
HANS CAROSSA

Der Geist ist ein Bestandteil des Lebens – nicht sein Gegensatz.
KURT TUCHOLSKY

Geistreiche Frauen sind oft langweilig, dagegen Frauen mit Esprit – verführerisch.
FRIEDL BEUTELROCK

Ob Besitzer glücklicher sind als Besitzlose; nur der Himmel weiß es. Jedenfalls verbirgt sich Ihr wahrer Besitztum tief in Ihrem Innern, und der ist doch auch etwas wert, oder?

Besitz findet Freunde.
Titus Maccius Plautus

Glücklich – die Besitzenden!
Horaz

Die Beharrlichkeit auf den Besitz gibt uns in manchen Fällen die größte Energie.
Johann Wolfgang von Goethe

Erfreue dich deines Besitzes, als stürbest du morgen,
Aber verbrauch ihn mit Maß, als lebtest du lange.
Lukian

Die wahre Vollendung des Menschen liegt nicht in dem, was er besitzt, sondern was er ist.
Oscar Wilde

Denn festhalten müssen wir, was wir uns selbst erworben haben.
Heinrich von Kleist

Ich trage alles Meinige bei mir.
Cicero

Es gibt keinen Besitz, der Nachlässigkeit vertrüge.
Thomas Mann

Nichts sollte imstande sein, uns zu berauben,
denn wir besitzen in Wirklichkeit nichts als das, was wir in uns haben.
Oscar Wilde

Tausend Reden übertrifft an Macht das Gold.
EURIPIDES

Wer nicht dann will, wenn er könnte, wird nichts haben, wenn er wollte.
JOHN HEYWOOD

Die Erde gehört dem, der sie einnehmen und erhalten kann.
CHRISTINE VON SCHWEDEN

Alle Menschen eignen sich gerne den Besitz anderer an: Es ist ein allgemeiner Wunsch. Nur die Durchführung ist verschieden.
ALAIN-RENÉ LESAGE

Spekulieren ist kein Spiel mehr, es ist eine Maßnahme zum Schutz des Vermögens.
ANDRÉ KOSTOLÁNY

Als Machtmensch genießen Sie den Respekt der anderen.

Macht ist die einzige Lust, derer man nicht müde wird.
OSCAR WILDE

Angriff ist Bestätigung des Machttriebes.
OSWALD SPENGLER

Ihr Leitmotiv:

Sei du der Dinge Herr, nicht Knecht!
HORAZ

Der obern Macht ist schwer zu widerstehen.
JOHANN WOLFGANG VON GOETHE

Hast du die Macht, du hast das Recht auf Erden.
ADALBERT VON CHAMISSO

Keiner weiß, was in ihm steckt, bevor er von der Macht gekostet hat.
OTTO FLAKE

Warum folgt man der Mehrheit? Etwa weil sie mehr Vernunft hat? Nein, sondern weil sie mehr Macht hat.
BLAISE PASCAL

Ihr enges Netzwerk sorgt dafür, dass Ihnen die Machtfülle erhalten bleibt.

Mächtige verstehen einander immer, mögen sie noch so verfeindet sein.
GEORGES CLEMENCEAU

Mit der Macht gehen Sie ganz selbstverständlich um. Auch Ihr großes Vorbild, Napoleon I., bekannte sich ausdrücklich zu seinem Machtanspruch.

Ich habe die Weltmacht gewollt, und wer hätte sie nicht gewollt an meiner Stelle?

Der Mensch strebt von Macht zu Macht.
THOMAS HOBBES

Tugend und absolute Macht passen nicht zusammen.
LUKAN

Willst du den Charakter eines Menschen erkennen,
so gib ihm Macht.
ABRAHAM LINCOLN

Der Blick der Menschheit war bisher zu stumpf, zu erkennen, dass die mächtigsten Menschen große Schauspieler waren.
FRIEDRICH NIETZSCHE

Macht ist nichts für Angsthasen, denn:

Wer alle Macht hat, muss auch alles fürchten.
PIERRE CORNEILLE

Man korrumpiert weniger in dem Sinn, dass man sich unerlaubte Befugnisse anmaßt, sondern die erlaubten missbraucht.
EARL OF CHESTERFIELD

Nur, wo Leben ist, da ist auch Wille: aber nicht Wille zum Leben, sondern – so lehre ich's – Wille zur Macht!
FRIEDRICH NIETZSCHE

Das Geheimnis jeder Macht besteht darin, zu wissen, dass andere noch feiger sind als wir.
LUDWIG BÖRNE

Wenn ein Mächtiger teilt, beträgt seine Hälfte mindestens sechzig Prozent.
GEORGES CLEMENCEAU

Das Bewusstsein unserer Macht verstärkt sie.
VAUVENARGUES

Macht weiß sich Gehorsam und Furcht zu verschaffen.
CHRISTINE VON SCHWEDEN

Herrschen und Befehle: zwei Wesenselemente, die Ihnen wie angeboren sind.

Es ist so schön, zu herrschen!
JOHANN WOLFGANG VON GOETHE

Geh, lerne nun gehorchen, dass du herrschen lernst.
JOHANN WOLFGANG VON GOETHE

Wenn du urteilst, untersuche; wenn du herrschst, befiehl!
SENECA

Wer sich am besten zum Herrschen eignen kann, der kann auch andre am besten geeignet machen.
DANTE ALIGHIERI

... Ihr Prinzip der Gewaltenteilung!

Hat es je eine Herrschaft gegeben, die den Herrschenden nicht natürlich erschien?
JOHN STUART MILL

Es ist viel sicherer, gefürchtet zu werden, als geliebt zu werden.
NICCOLÒ MACHIAVELLI

Die guten Mächte sagen: Ich will schaffen und sein; die bösen sagen: Ich will haben und scheinen.
WALTHER RATHENAU

Jeder hat so viel Recht, wie er Macht hat.
SPINOZA

... doch Vorsicht:

Die Herrschaft ist ein schlüpfrig Ding.
HERODOT

Rechthaben ist ein Ausdruck von Macht.
OSWALD SPENGLER

Das Regieren beruht auf zwei Dingen: zügeln und betrügen.
FERNANDO PESSOA

Macht nutzt den ab, der sie nicht besitzt.
GIULIO ANDREOTTI

Das Talent zu herrschen täuscht oft über den Mangel an anderem Talent.
MARIE VON EBNER-ESCHENBACH

Selbst wer gebieten kann, muss überraschen.
JOHANN WOLFGANG VON GOETHE

Alles Geschehen aus Absichten ist reduzierbar auf die Absicht der Mehrung von Macht.
FRIEDRICH NIETZSCHE

Man überzeugt am besten von seiner Macht, wenn man sie missbraucht.
DANIEL SPITZER

Sie genießen Respekt und Autorität. Darum sind Sie es gewohnt, dass Ihnen die Menschen widerspruchslos folgen.

Versuche, die eigene Autorität zu fundieren: Sie ist überall begründet, wo Meisterschaft ist.
JOHANN WOLFGANG VON GOETHE

Das unfehlbarste Mittel, Autorität über die Menschen zu gewinnen, ist, sich ihnen nützlich zu machen.
MARIE VON EBNER-ESCHENBACH

Jeder schützt sich durch Berufung auf eine hohe Autorität.
LUKAN

Überall, wo es einen Menschen gibt, der Autorität ausübt, gibt es auch einen, der seiner Autorität widerstrebt.
OSCAR WILDE

Jede verfassungsmäßige Autorität soll ihre Weite und ihre Grenzen lieben.
JOSEPH JOUBERT

Ihr Einfluss ist enorm und reicht bis in die höchsten Kreise. Wer Sie unterschätzt, macht einen Fehler.

Einfluss auf Menschen ist mehr wert als Reichtum.
VAUVENARGUES

Wer mir etwas sagen will, muss stärker sein als ich.
WALTHER RATHENAU

Einfluss ist geborgte Macht.
ALBERTO MORAVIA

Überfluss ist Einfluss.
JACK LONDON

Ich habe nicht Einfluss genug, Gutes zu wirken. Meine Macht beschränkt sich darauf, hie und da etwas Schlechtes zu tun.
VOLTAIRE

Man muss die Leute an ihren Einfluss glauben lassen – Hauptsache ist, dass sie keinen haben.
LUDWIG THOMA

Sobald ein Mensch endgültig seinen Einfluss verloren hat, setzt man ihm ein Denkmal.
ROBERT MUSIL

... so weit lassen Sie es nicht kommen!

Lebenskunst & Lebensstil

Lebenskünstler nehmen von allem ein wenig,
aber immer nur das Beste.

JACQUES CHARDONNE

Als wahrer Lebenskünstler genießen Sie das Leben in vollen Zügen ...

Nur der Genuss wird zur Schöpfung.
VOLTAIRE

Es ist besser, Genossenes zu bereuen, als zu bereuen, dass man nichts genossen hat.
GIOVANNI BOCCACCIO

Die meisten laufen so sehr dem Genuss nach, dass sie an ihm vorbeilaufen.
SÖREN KIERKEGAARD

Nicht das Leben ist das höchst Gut, sondern das gute Leben. Gut leben ist soviel wie edel und gerecht leben.
PLATON

Ihr Motto als Lebenskünstler: Besser ein Schwein als ein armer Hund.

Der Lebenskünstler und der Feinschmecker wissen, dass man ein Schwein sein muss, um Trüffel zu finden.
MARQUIS DE SADE

Jedes Ding wird mit mehr Trieb erjagt als genossen.
WILLIAM SHAKESPEARE

Grundregel für den wahren Genießer:

Nicht hastig leben. Die Sachen zu verteilen wissen, heißt, sie zu genießen verstehen.
BALTASAR GRACIÁN Y MORALES

Hoffnung auf Genuss ist fast so viel
Als schon genossne Hoffnung.
WILLIAM SHAKESPEARE

Oft findet man nicht den Genuss,
Den man mit Recht erwarten muss.
WILHELM BUSCH

... denn für Ihren Gaumen ist das Beste gerade gut genug!

Aber kein Genuss ist vorübergehend: denn der Eindruck, den er zurücklässt, ist bleibend.
JOHANN WOLFGANG VON GOETHE

Auch widerwärtige Eindrücke lassen sich genießen.
ARTHUR SCHNITZLER

Niemand kein sein Glück genießen, ohne daran zu denken, dass er es genießt.
SAMUEL JOHNSON

Ein großes Können – ein großes Genießen.
MARIE VON EBNER-ESCHENBACH

Verstecken Sie Ihre wahren Ansichten nicht, und bekennen Sie sich zu Ihrem Genießertum:

> Ein neuer Hedonismus – das ist's, was unser Jahrhundert braucht!
> OSCAR WILDE

> Genieße froh die Gaben der gegenwärtigen Stunde und lass das Unangenehme beiseite!
> HORAZ

> Genießen und genießen lassen, ohne sich noch sonst jemandem zu schaden – das ist die ganze Moral.
> NICOLAS CHAMFORT

Wirft man Ihnen Genusssucht vor, so parieren Sie mit den Worten Brecht's:

> (...) dass Genusssucht eine der größten Tugenden ist. Wo sie es schwer hat oder gar verlästert wird, ist etwas faul.

> Alle Lebewesen außer dem Menschen wissen, dass der Hauptzweck des Lebens darin besteht, es zu genießen.
> SAMUEL BUTLER

... braucht man Ihnen nicht zu sagen!

Sie sind nicht nur ein Genießer par excellence, sondern auch ein ausgezeichneter Gastgeber.

> Ein Gastgeber ist wie ein Feldherr: Erst wenn etwas schiefgeht, zeigt sich sein Talent.
> HORAZ

Wer mich besucht, erweist mir eine Ehre. Wer mich nicht besucht, macht mir eine Freude.
HENRY DE MONTHERLANT

Die Gastgeberin hat stets für ausgezeichneten Kaffee, der Gastgeber für erstklassige Liköre zu sorgen.
JEAN-ANTHELME BRILLAT-SAVARIN

Laden Sie sich die richtigen Gäste ein, sonst geht es Ihnen am Ende wie Johann Nepomuk Nestroy. Der reüssierte über seine Gäste mit den Worten:

Nein, wenn die Gäste wüssten, wie z'wider sie einem oft sind, es ließ sich gar kein Mensch mehr einladen auf der Welt.

Über das Kommen mancher Leute tröstet uns nichts als – die Hoffnung auf ihr Gehen.
MARIE VON EBNER-ESCHENBACH

Eher muss man darauf achten, mit wem man isst und trinkt, als was man isst und trinkt. Ohne Freund ist das Leben wie das Abfüttern eines Löwen oder eines Wolfes.
SENECA

Aus Freude darüber, dass die Gäste endlich aufbrachen, sagte die Hausfrau: «Bleiben Sie doch noch ein Weilchen!»
ANTON TSCHECHOW

Ein freier Mann: wer eine Einladung zum Essen ausschlagen kann, ohne dafür einen Vorwand geben zu müssen.
JULES RENARD

Letzte Worte zum Thema Party:

Eine Party ist eine Zusammenkunft, bei der am Ende die Gäste aufgeräumter sind als die Wohnung.
SENTA BERGER

Man steht erst dann im Mittelpunkt einer Party, wenn man gegangen ist.
AUDREY HEPBURN

Partys gibt es: Der Empfang wenig herzlich, das Essen herzlich wenig.
ROBERT LEMBKE

... meiden Sie solche Veranstaltungen!

Wie hat es Ihnen in dieser Gesellschaft gefallen? Sehr wohl – beinahe so sehr wie in meiner Kammer.
GEORG CHRISTOPH LICHTENBERG

... verkneifen Sie sich diese Worte, wenn Ihnen etwas an der Gesellschaft liegt.

Zeigen Sie sich als guter Unterhalter, der auch andere Leute zum Sprechen bringt. Wenn auch das nicht hilft, halten Sie es wie Frank Wedekind, der seinen Gästen empfahl:

Bringen Sie heute Abend bitte Ihren Mops mit, damit wir etwas haben, worüber wir sprechen können.

Von Rechts wegen soll eine gesellige Unterhaltung nur etwas mehr als nichts sein.
JOHANN WOLFGANG VON GOETHE

Bei einem Festmahl sollte man mit Verstand essen, aber nicht zu gut, und sich gut, aber nicht mit zuviel Verstand unterhalten.
WILLIAM SOMERSET MAUGHAM

Für eine erfolgreiche gesellschaftliche Konversation sind Gedanken bloß hinderlich.
ANDRÉ MAUROIS

... vermeiden Sie deshalb intellektuelle Klimmzüge!

Viele Witzköpfe an einer Tafel – heißt das nicht, mehrere herrliche Weine in ein Glas zusammengießen?
JEAN PAUL

Prost!

Lebe heute, vergiss die Sorgen der Vergangenheit.
EPIKUR

Einzig der Mensch ist wirklicher Lust fähig, denn er ist mit dem Vermögen des Denkens begabt; er erwartet Lust, er sucht sie, er verschafft sie sich und erinnert sich ihrer, wenn er sie genossen hat.
GIACOMO CASANOVA

Lasst uns das Leben genießen, solange wir es noch nicht begreifen!
KURT TUCHOLSKY

Die Welt gehört dem, der sie genießt.
GIACOMO LEOPARDI

Der Kultivierte bedauert nie einen Genuss. Der Unkultivierte weiß überhaupt nicht, was ein Genuss ist.
OSCAR WILDE

Sie wissen die Gaumenfreuden zu schätzen. Man darf Sie also durchaus als Gourmet bezeichnen.

Die Entdeckung eines neuen Gerichts trägt mehr zum Glück der Menschheit bei als die eines neuen Gestirns.
JEAN-ANTHELME BRILLAT-SAVARIN

Eine grandiose Erkenntnis, die fast nichts kostet und ganz ungefährlich ist.

Man soll dem Leib etwas Gutes bieten, damit die Seele Lust hat, darin zu wohnen.
WINSTON CHURCHILL

... dazu tragen Sie mit allen Sinnen bei!

Das Tier frisst, der Mensch isst, nur der geistvolle Mensch versteht zu speisen.
JEAN-ANTHELME BRILLAT-SAVARIN

Eine Kunst, das Leben zu verlängern? Lehrt den, der es kennengelernt hat, lieber die Kunst, es zu ertragen!
ERNST VON FEUCHTERSLEBEN

... denn nicht immer ist das Leben ein Zuckerschlecken!

Der wahre Lebenskünstler muss knapp, klar und illusionslos sein.
STENDHAL

Weise Lebensführung gelingt keinem Menschen durch Zufall. Man muss, solange man lebt, lernen, wie man leben soll.
SENECA

Alternativ:

Ich möcht' so leben können, wie ich leb'!
JOHANN NESTROY

Man sollte nur eine einzige Liebe und eine einzige Freundschaft im Leben haben; es ist zu kurz für zwei.
CHRISTINE VON SCHWEDEN

Sie warten nicht erst, bis sich das Glück einstellt, Sie greifen zu, wo es sich bietet.

Dem Greifenden ist meist Fortuna hold.
JOHANN WOLFGANG VON GOETHE

... aber provozieren Sie bitte keine unnötigen Fehlgriffe!

Je edlerer das Werk, desto höher der Genuss.
ARTHUR SCHOPENHAUER

Austern statt Kartoffelsalat!

Das Glück lenkt alles zum Vorteil seiner Günstlinge.
LA ROCHEFOUCAULD

... daran glauben Sie felsenfest.

Glück ist Talent für das Schicksal.
NOVALIS

... davon haben Sie reichlich!

Das Glück verbessern.
GOTTHOLD EPHRAIM LESSING

... tun Sie beständig!

Und auch das gibt es:

Es gibt Menschen, die glücklich leben, ohne es zu wissen.
VAUVENARGUES

Glückssuchern sei geraten, in sich zu gehen, denn:

Das Glück gehört denen, die sich selber genügen.
ARISTOTELES

Vermeiden Sie diese Einsicht unter allen Umständen:

Warum haben wir unser Glück nicht bis zur letzten Tiefe genossen, als es durch unsere Hände glitt?
GUSTAVE FLAUBERT

Wer sein Glück nicht in sich selber finden kann, wird es unnötigerweise anderswo suchen.
LISELOTTE VON DER PFALZ

Nur weise, gerechte und gesetzte Leute können glücklich sein.
CHRISTINE VON SCHWEDEN

Das verdammte Glück! Ohne das kann man nicht einmal Spitzbube sein.
GOTTHOLD EPHRAIM LESSING

Das Glück besteht im schönen Fluss des Lebens.
ZENON

Das Geheimnis des Glückes ist die Freiheit, deren Geheimnis aber ist der Mut.
PERIKLES

Ein Tropfen Glück ist mehr als ein Fass Geist.
DIOGENES

Das Glück deines Lebens hängt von der Beschaffenheit deiner Gedanken ab.
MARC AUREL

Und nun zum Thema Geld, Glück und Verdauung:

Glücklich ist ein Mensch, der sowohl Geld als auch Verstand hat; denn er weiß, wie er sein Vermögen anlegen muss.
DEMOKRIT

Glücklichsein: ein gutes Bankkonto, eine gute Köchin und eine gute Verdauung.
JEAN-JACQUES ROUSSEAU

Wem wäre Hector bekannt, wenn Troja glücklich gewesen?
OVID

Für Liebhaber des Glücks:

Wer glücklich ist, kann glücklich machen, wer's tut, vermehrt sein eigenes Glück.
JOHANN WILHELM LUDWIG GLEIM

Zum Glück gehört ein starker und guter Menschenschlag.
AUGUST STRINDBERG

Wahrscheinlich bin ich deswegen sehr glücklich, weil ich nie zufrieden bin.
SIR PETER USTINOV

Glück heißt, seine Grenzen kennen und sie lieben.
ROMAIN ROLLAND

Alle Beschränkung beglückt.
ARTHUR SCHOPENHAUER

Goethe wusste am besten, was Glück heißt:

Arkadisch frei sei unser Glück!
JOHANN WOLFGANG VON GOETHE

... allerdings sollte man auch nicht allzu verbissen nach dem Glück suchen.

Das beste Mittel, das Glück zu verpassen, besteht darin, es zu suchen.
PAUL CLAUDEL

Nicht das, was wir sind und haben, bestimmt unser Glück, sondern das, was wir glauben zu sein und zu haben.

Peter Rosegger

Das Glück beruht oft nur auf dem Entschluss, glücklich zu sein.

Lawrence Durrell

Glückselig kann auch der genannt werden, der – von der Vernunft geleitet – nichts mehr wünscht und nichts mehr fürchtet.

Marc Aurel

Ich lass es mir nicht ausreden: Glückseligkeit ist in, außer, neben uns, durch uns und ohne uns zu finden.

Rahel Varnhagen

... alles klar?!

In Mathematik waren Sie noch nie besonders gut. Den Lehrsatz vom Lebensglück haben Sie aber auch ohne Rechenkunst begriffen.

Das Glück kann nicht, wie ein mathematischer Lehrsatz bewiesen werden, es muss empfunden werden, wenn es da sein soll.

Heinrich von Kleist

Das Glück in dieser Welt besteht darin, nicht unglücklich zu sein. Man beachtet es nicht mit zwanzig Jahren, man weiß es mit sechzig.

Théodore Jouffroy

Das Geheimnis des Lebens liegt im Suchen nach Schönheit.
OSCAR WILDE

Du kannst nicht Schlittschuhlaufen lernen, ohne dich lächerlich zu machen. Auch das Eis des Lebens ist glatt.
GEORGE BERNARD SHAW

... gilt im Winter wie im Sommer!

Wunschtraum aller:

Einmal sollte man nur so zur Probe leben dürfen; und dann noch einmal – richtig.
RODA RODA

Formel des Glücks:

Lebe jeden Tag, als ob er dein erster und dein letzter wäre!
GERHART HAUPTMANN

Für Lebensflaneure:

Leben ist aussuchen. Und man suche sich das aus, was einem erreichbar und adäquat ist, und an allem andern gehe man vorüber.
KURT TUCHOLSKY

Für Masochisten:

Verachte das Leben, um es zu genießen.
JEAN PAUL

Für Ordnungsfanatiker:

Das Glück tut's nicht allein, sondern der Sinn, der das Glück herbeiruft, um es zu regeln.
JOHANN WOLFGANG VON GOETHE

Für Unwissende:

Denn worum geht es eigentlich? Um das Glücklichsein. Was tut es dann, ob man klug oder dumm ist?
VOLTAIRE

Für Suchende:

Glücklich ist man bestenfalls unterwegs, nie am Ziel.
KARL HEINRICH WAGGERL

Für Menschen mit Sauberkeitswahn:

Das Glück will gepflegt sein.
VAUVENARGUES

Für Trinker:

Solang man trinken kann, lässt sich's noch glücklich sein.
JOHANN WOLFGANG VON GOETHE

Für Schwermütige:

Das mühsam erlangte Glück wird doppelt genossen.
BALTASAR GRACIÁN Y MORALES

Das Leben, es mag sein, wie es will, ist ein Glück, das von keinem andern übertroffen wird.
LEO N. TOLSTOI

Das Leben ist eine Kunst; um sie gut auszuführen, brauchen die Menschen nicht nur erworbene Fähigkeiten, sondern auch angeborenen Takt und Geschmack.
ALDOUS HUXLEY

Alles hat man herausgefunden, nur nicht, wie man lebt.
JEAN-PAUL SARTRE

Ach, was ist das Leben für ein Farben wechselndes Ding!
HEINRICH VON KLEIST

Das Überraschende macht Glück.
FRIEDRICH SCHILLER

Den Wagemutigen hilft das Glück.
VERGIL

Zum Glück braucht es manchmal nicht viel ...

Ich betrachte mich als glücklich, weil ich keine Verwandten mehr habe.
FERNANDO PESSOA

Haben die wirklichen Dinge oder die eingebildeten Dinge mehr zum menschlichen Glück beigetragen?
FRIEDRICH NIETZSCHE

... finden Sie es heraus!

Glück entsteht oft durch Aufmerksamkeit in kleinen Dingen.
WILHELM BUSCH

Als Mann mit Charakter stellen Sie hohe Ansprüche, auch an das Glück.

Ich bin besonders glücklich, wenn das Glück unvollkommen ist. Vollkommenheit hat keinen Charakter.
PETER USTINOV

Glück besteht darin, die Eigenschaften zu haben, die von der Zeit verlangt werden.
HENRY FORD

Schön, wer das sagen kann:

Ich habe genossen das irdische Glück,
Ich habe gelebt und geliebet.
FRIEDRICH SCHILLER

Der ist beglückt, der sein darf, was er ist.
FRIEDRICH VON HAGEDORN

Des Menschen Wille, das ist sein Glück
FRIEDRICH SCHILLER

Wenn man Sie so sieht, kann man den Worten Goethes nur zustimmen:

Der Anblick eines wahrhaft Glücklichen macht glücklich.
JOHANN WOLFGANG VON GOETHE

Denn die Begriffe von Glück sind so verschieden, wie die Genüsse und die Sinne, mit welchen sie genossen werden.
HEINRICH VON KLEIST

Ihr Lebensmotto:

Besser werden und das Leben besser machen.
LEO TOLSTOI

Carpe Diem.
HORAZ

Das allerschönste am ganzen Leben sind seine Illusionen.
HONORÉ DE BALZAC

Das Dasein ist köstlich, man muss nur den Mut haben, sein eigenes Leben zu führen.
PETER ROSEGGER

Wer die richtige Brille trägt, hat mehr vom Leben:

Das Leben ist bezaubernd, man muss es nur durch die richtige Brille sehen.
ALEXANDRE DUMAS D. J.

Im Grunde sind Sie ein Optimist ...

Wenn ich wüsste, dass morgen die Welt untergeht, würde ich heute noch mein Apfelbäumchen pflanzen.
MARTIN LUTHER

Ein Optimist ist ein Mann, der – ohne einen Pfennig Geld in der Tasche – Austern bestellt in der Hoffnung, mit der Perle bezahlen zu können.
JEAN PAUL

Optimismus ist die Torheit zu behaupten, dass alles gut sei, wenn alles schlecht ist.
VOLTAIRE

Wo Licht in den Menschen ist, scheint es aus ihnen heraus.
ALBERT SCHWEITZER

Die Gewohnheit, alle Dinge von der Lichtseite zu betrachten, ist mehr wert, als ein Einkommen von Tausenden.
DAVID HUME

Optimist: ein Mensch, der die Dinge nicht so tragisch nimmt, wie sie in Wirklichkeit sind.
KARL VALENTIN

Denn solange ich lebe, freue ich mich ähnlich wie die Götter.
EPIKUR

Für den Optimisten ist das Leben kein Problem, sondern bereits die Lösung.
MARCEL PAGNOL

Ihre Lebensauffassung können Sie in wenige Worte fassen:

Der Augenblick ist kostbar wie das Leben eines Menschen.
FRIEDRICH SCHILLER

Die Erde war einst ein Glutball: Feuer. Das Leben ist ein Rest des Feuers.
OSWALD SPENGLER

... dennoch ist genug Glut in Ihnen, um das Leben immer wieder neu zu entfachen.

Denn man ist glücklich, wenn man mit sich selbst, seinem Herzen und seinem Gewissen zufrieden ist.
AUGUST STRINDBERG

... Sie schlafen bestens!

Die Herrschaft über den Augenblick ist die Herrschaft über das Leben.
MARIE VON EBNER-ESCHENBACH

Ihre Vorstellung vom Leben ist süß und saftig:

Eine langsam ausgereifte Frucht in Winden und Sonnen, das muss das Leben sein.
PAULA MODERSOHN-BECKER

Einmal lebt ich wie Götter, und mehr bedarf's nicht.
FRIEDRICH HÖLDERLIN

Sie sind ein Lebenskünstler, der die kleinen und feinen Genüsse des Lebens zu schätzen weiß. Auf das große Festmahl können Sie gerne verzichten ...

Ich fühle, dass Kleinigkeiten die Summe des Lebens ausmachen.
CHARLES DICKENS

Es ist nicht schwer, ab und zu köstlich und erlesen zu sein, aber sein ganzes Leben lang!
JULES RENARD

Es lebt nur der, der lebend sich am Leben freut.
MENADROS

Genieße das Leben!
Im schnellen Lauf flieht es dahin.
SENECA

Es wäre eine Freude zu leben, wenn jeder die Hälfte von dem täte, was er vom anderen verlangt.
VALERIE VON MARTENS

Motto für Lebenskünstler:

Fasse das Leben immer als Kunstwerk.
CHRISTIAN MORGENSTERN

Ihre Lebensdevise:

Fang jetzt an zu leben, und zähle jeden Tag als ein Leben für sich.
SENECA

An Ihrem Lebensstil hätte auch der große Dichterfürst Gefallen:

Gib das Beste
Und mach das Leben zum Feste.
JOHANN WOLFGANG VON GOETHE

Lass uns lieben, um zu leben!
JEAN-JACQUES ROUSSEAU

Lebenslust & Lebenslaune bestimmen Ihren Alltag. Denn:

Lust ist Leben.
NOVALIS

Des Menschen Glück ist nicht an seine Kraft, sondern an seine Laune geknüpft.
FRIEDRICH HEBBEL

Glück besteht darin, glücklich zu sein, und nicht etwa darin, den anderen glauben zu lassen, dass man es ist.
JULES RENARD

Man muss nur warten können, das Glück kommt schon.
PAULA MODERSOHN-BECKER

Hast du es solange wie ich getrieben,
Versuche wie ich, das Leben zu lieben.
JOHANN WOLFGANG VON GOETHE

Man ist nur glücklich durch das, was man fühlt, und nicht durch das, was man ist.
SULLY PRUDHOMME

Jeder hält das Leben für die Neujahrsnacht der Zeit.
JEAN PAUL

Leben – es gibt nichts Selteneres auf der Welt. Die meisten Menschen existieren, weiter nichts.
OSCAR WILDE

Sie sind kein Draufgänger, aber auch kein Mauerblümchen. Wenn der Lebenstrieb in Ihnen erwacht, haben andere nichts zu lachen.

Leben ist Trieb, Wille, Flamme, Angriff.
OSWALD SPENGLER

... doch notwendigerweise auch dies:

Leben ist die Kunst, aus falschen Voraussetzungen richtige Schlüsse zu ziehen.
OSWALD SPENGLER

Wie schön ist das Leben, wenn man etwas Gutes und Richtiges tut.
FJODOR M. DOSTOJEWSKI

Wenn Untergang – dann mit Stil!

Wichtig ist nicht obenauf zu schwimmen, sondern gewichtig unterzugehen und leichte Wellen zu verbreiten.
JEAN COCTEAU

Harre aus im Unglück; denn oft hat schon, was im Augenblick als Unglück scheint, zuletzt großes Glück gebracht.
EURIPIDES

Ein glücklicher Mensch ist eine Bereicherung für die Gesellschaft, ein unglücklicher Mensch ist eine große Gefahr.
OTTO RANK

Je glücklicher du bist, umso weniger kostet es, dich zugrunde zu richten.
FRIEDRICH HÖLDERLIN

... leider wahr. Da heißt es aufpassen!

Es geht auch ohne Arbeit:

Könnte ich leben, ohne zu arbeiten, ich wäre das glücklichste Wesen unter der Sonne.
FRANZISKA GRÄFIN ZU REVENTLOW

Wer sich wohl befindet, tue darum alles, um dieses Glück nicht zu verlieren.
FRANCESCO GUICCIARDINI

... der kleine und feine Unterschied:

Man sollte nicht sprechen von der Kunst, glücklich zu sein, sondern von der Kunst, sich glücklich zu fühlen.
MARIE VON EBNER-ESCHENBACH

... und nun das Kunststück der besonderen Art:

Sich glücklich fühlen können auch ohne Glück – das ist Glück.
MARIE VON EBNER-ESCHENBACH

Recht hat, wer glücklich ist!
LEO TOLSTOI

Schlaf ist das einzige Glück, das man erst recht genießt, wenn es vorbei ist.
ALFRED POLGAR

Um glücklich in der Welt zu leben, muss man gewisse Seiten seines Seelenlebens völlig ausschalten können.
NICOLAS CHAMFORT

... und noch ein Trick, um glücklich zu sein:

Um glücklich zu sein, muss man seine Vorurteile abgelegt und seine Illusionen behalten haben.
GABRIELLE MARQUISE DU CHATELET

Wer sich nicht glücklich machen kann, kann wenigstens verdienen, es zu sein.
JEAN-JACQUES ROUSSEAU

Vergnügen ist das Einzige, wofür man leben sollte. Nichts macht so alt wie Glück.
OSCAR WILDE

Vielen gibt das Glück allzu viel, keinem genug.
MARTIAL

Wer sich am wenigsten auf das Glück verlässt, behauptet sich am besten.
NICCOLÒ MACHIAVELLI

Des menschlichen Lebens letztes Ziel: Glückseligkeit.
THOMAS VON AQUIN

Glückseligkeit ist vor allem Maß halten.
YEHUDI MENUHIN

Glückseligkeit ist das Schönste und Beste von allem und zugleich die höchste Lust.
ARISTOTELES

Körperliches Wohlbefinden gehört zu einem gepflegten Lebensstil. Sie tun Ihr Bestes!

Die Fürsorge für den Körper muss derjenigen für die Seele vorangehen; dann muss die Regelung des Begehrens folgen.
ARISTOTELES

Seinen Organismus als ein lebendig gewordenes, edles Kunstwerk behandeln, betreuen, ist Kultur.
PETER ALTENBERG

... immerhin verbringen Sie ein paar Stunden vor dem Spiegel!

Man muss die Kraft des Körpers erhalten, um die des Geistes zu bewahren.
VAUVENARGUES

Der Körper kann eine größere Last tragen, wenn man ihn strafft; mit der Seele ist es genauso.
MICHEL DE MONTAIGNE

Nur in einem gesunden Körper entwickelt sich ein gesunder Geist.
JUVENAL

Elegante Haltung ist für den Körper, was gesunder Menschenverstand für den Geist.
La Rochefoucauld

Es ist der Geist, der sich den Körper baut.
Friedrich Schiller

Für Dicke:

Dick sein ist keine physiologische Eigenschaft – das ist eine Weltanschauung.
Kurt Tucholsky

Auch der Körper muss fest sein und darf nicht hin und her geworfen werden, weder bei der Bewegung noch bei der Ruhehaltung.
Marc Aurel

Die Seele ist Ursache und Prinzip des lebenden Körpers.
Aristoteles

Nicht durch Entstellung des Körpers wird die Seele entstellt, sondern durch Schönheit der Seele der Körper geschmückt.
Seneca

Ihr Outfit ist zeitgemäß; Extravaganzen vermeiden Sie. Ansonsten legen Sie viel wert auf Ihr Aussehen (auch wenn die Klamotten manchmal von C&A sind):

Es liegt in frischen Kleidern eine Art Jugend, in die das Alter sich hüllen soll.
Joseph Joubert

... auch so ein Unterscheid zwischen Mann und Frau:

Eine Dame trägt keine Kleider. Sie erlaubt den Kleidern, von ihr getragen zu werden.
YVES SAINT-LAURENT

Denn an der Farbe lässt sich die Sinnesweise, an dem Schnitt die Lebensweise des Menschen erkennen.
JOHANN WOLFGANG VON GOETHE

Je mehr Geist oder Raffinement eine Frau aufs Anziehen verwendet, umso mehr tut sie es auch beim Ausziehen.
JEWGENI JEWTUSCHENKO

Viele Frauen sagen ein Fest lieber ab, als dass sie schlecht gekleidet hingehen.
SIMONE DE BEAUVOIR

Frauen zeigen mehr Geschmack, wenn sie eine andere, als wenn sie sich anzukleiden haben; aber eben weil es ihnen mit ihrem Körper geht wie mit ihrem Herzen: Im fremden lesen sie besser als im eignen.
JEAN PAUL

Kleide dich so gut, wie es die Menschen deines Ranges gewöhnlich tun, und lieber besser als schlechter.
EARL OF CHESTERFIELD

Man darf anders denken als seine Zeit, aber man darf sich nicht anders kleiden.
MARIE VON EBNER-ESCHENBACH

Ich habe auch bemerkt, dass der prunkvollste Putz meistens hässliche Frauen ankündigt.
JEAN-JACQUES ROUSSEAU

... und

Ihr auffallender Putz verriet mehr Pracht als Geschmack.
JEAN-JACQUES ROUSSEAU

Die Frage aller Fragen:

Gehören wir am richtigsten dorthin, wo wir mehr Essen, bessere Kleidung und mehr Geld bekommen?
KNUT HAMSUN

Wenn wir es recht überdenken, so stecken wir doch alle nackt in unseren Kleidern.
HEINRICH HEINE

In Geschmacksfragen haben Sie den Riecher vorn, denn:

Der Geschmacksparvenü starrt verzückt auf die neue Etikette, der eigentliche Kenner traut nur seiner bewährten Nase.
KARL HENCKELL

Den Geschmack kann man nicht am Mittelgut bilden, sondern nur am Allervorzüglichsten.
JOHANN WOLFGANG VON GOETHE

Luxus und schlechter Geschmack sind unzertrennlich. Überall, wo der Geschmack viel Aufwand erfordert, ist er falsch.
JEAN-JACQUES ROUSSEAU

Der einzige Geschmack, der einem Menschen wirkliche Befriedigung geben kann, ist sein eigener.
PHILIP ROSENTHAL

Man muss viel Geschmack haben, um dem seines Zeitalters zu entgehen.
THÉODORE JOUFFROY

Nur wenige verfügen über einen sicheren Geschmack und ein kritisches Urteil.
JEAN DE LA BRUYÈRE

Wer nur scharf denkt, hat schlechten Geschmack. Wer aber nur guten Geschmack hat, denkt auch scharf.
LA ROCHEFOUCAULD

Der Geschmack ist das literarische Gewissen der Seele.
JOSEPH JOUBERT

Über Geschmack soll man nicht streiten.
VOLTAIRE

Persönlicher Geschmack ist ein unschätzbarer Regulator der Lebensführung, allein schon durch Beschränkung, Auswahl, Harmonisierung der Bedürfnisse.
KARL HEINRICH WAGGERL

Man entsagt viel leichter seinem Interesse als seinem Geschmack.
LA ROCHEFOUCAULD

Das Wilde ist so in Mode, dass es schon wieder fade wirkt.
JULES RENARD

Die Mode zu meiden, ist ebenso falsch, wie sie zu übertreiben.
JEAN DE LA BRUYÈRE

Eine Mode schließt die andere aus; die Menschen sind zu engherzig, um mehrere Dinge zugleich zu schätzen.
VAUVENARGUES

Jede neue Mode ist ein Abenteuer.
PIERRE CARDIN

Sei niemals der Erste oder der Letzte in der Mode.
EARL OF CHESTERFIELD

Mode muss ein Aufschrei sein.
WOLFGANG JOOP

Wenn man bedenkt, dass die Mode mit einem Feigenblatt begonnen hat, sind wir schon fast wieder am Anfang.
CLAUDIA CARDINALE

... entzückende Aussichten für Männer!

Mode muss nicht schön sein. Es genügt, das sie neu ist.
USCHI GLAS

Sobald eine Mode allgemein geworden ist, hat sie sich überlebt.
MARIE VON EBNER-ESCHENBACH

Meist lobt und tadelt man nur nach der Mode.
LA ROCHEFOUCAULD

Schönheit und Stil gehört zusammen, Sie repräsentieren diese Einheit am vollkommensten.

Das Beste im Leben ist, Verständnis für alles Schöne zu haben.
MENADROS

Das Erhabene rührt, das Schöne reizt.
IMMANUEL KANT

Für Frauen:

Die Schönheit brauchen wir Frauen, damit die Männer uns lieben, die Dummheit, damit wir die Männer lieben.
COCO CHANEL

Es ist leichter, sich im Schönen als im Wahren zu täuschen.
JOSEPH JOUBERT

Jedem ist das Seine schön.
CICERO

Man nehme unserem Leben diese Liebe zum Schönen, und man nimmt dem Leben allen Reiz.
JEAN-JACQUES ROUSSEAU

Reiz ist Schönheit in Bewegung.
GOTTHOLD EPHRAIM LESSING

Die Schönheit hat so viele Bedeutungen, wie der Mensch Stimmungen hat. Sie ist das Symbol der Symbole.
OSCAR WILDE

Schönheit bändigt allen Zorn.
JOHANN WOLFGANG VON GOETHE

Verständnis des Schönen und Begeisterung für das Schöne sind eins.
MARIE VON EBNER-ESCHENBACH

Reizvoll und vergänglich passen zusammen, vom Schönen verlangen wir Dauer.
MARIE VON EBNER-ESCHENBACH

Die in schönen Dingen eine schöne Bedeutung entdecken, sind die Kultivierten. Für sie besteht Hoffnung.
OSCAR WILDE

Schönheit steht höher als Genie, denn sie verlangt keine Erklärung.
OSCAR WILDE

Manches Schöne ist unvollendet reizvoller als allzu vollendet.
LA ROCHEFOUCAULD

Die versteckte Schönheit ist reizvoller als eine für alle Augen präsentierte.
HERAKLIT

Die wahre Schönheit entdeckt man immer erst langsam. Züge, die rasch als schön auffallen, verlieren gewöhnlich bald.
WALDEMAR BONSELS

Schönheit bietet eine natürliche Überlegenheit.
PLATON

Wem schöne Dinge nichts als Schönheit bedeuten, der ist auserwählt.
OSCAR WILDE

Was ist das Schöne? Eine reiche Idee, dargestellt mit Zweckmäßigkeit, Klarheit, gelungener Absicht.
GOTTFRIED KELLER

... diese Erfahrung konnten Sie zum Glück schon oft machen:

Wer deine Schönheit sieht, der kann dir nichts versagen.
JOHANN WOLFGANG VON GOETHE

Muße ist eine Kunst, die Sie meisterhaft beherrschen.

Muße ist das Kunststück, sich selbst ein angenehmer Gesellschafter zu sein.
KARL HEINRICH WAGGERL

Wie herrlich ist es, nichts zu tun, und dann vom Nichtstun auszuruhn!
HEINRICH ZILLE

Gute Muße ist besser als gute Geschäfte. Nichts gehört unser als nur die Zeit, in welcher selbst der lebt, der keine Wohnung hat.
BALTASAR GRÁCIAN Y MORALES

Nichtstun ist die allerschwierigste Beschäftigung und zugleich diejenige, die am meisten Geist voraussetzt.
OSCAR WILDE

Nichtstun ist besser als mit viel Mühe nichts schaffen.
LAOTSE

Muße ist der schönste Besitz von allen.
SOKRATES

Nichtstun erquickt.
CICERO

Nichtstun liegt in der Macht eines jeden.
SAMUEL JOHNSON

Die kostbarste, die am meisten tröstende, die reinste und heiligste ist die edle Gewohnheit des Nichtstuns.
GILBERT KEITH CHESTERTON

Sie verehren die Musik von Rossini und haben auch sonst die gleichen Ansichten wie der große Meister.

Ich halte nichts vom Recht auf Arbeit; ich halte es lieber für das größte Recht des Menschen, nichts zu tun.
GIOACCHINO ROSSINI

Nichts erfordert mehr Geist, als nichts zu tun haben und trotzdem nichts zu tun.
KARL HEINRICH WAGGERL

Der Hang zum süßen Nichtstun ist kein Makel. Zitieren Sie Voltaire, und Sie haben einen prominenten Verfechter an Ihrer Seite.

Jeder Mensch kommt mit einer sehr großen Sehnsucht nach Herrschaft, Reichtum und Vergnügen sowie mit einem starken Hang zum Nichtstun auf die Welt.
VOLTAIRE

In Sachen Höflichkeit wissen Sie, was sich gehört.

Höflichkeit ist die Blüte der Menschheit. Wer nicht höflich genug ist, ist nicht menschlich genug.
JOSEPH JOUBERT

Höflichkeit ist wie ein Luftkissen; es mag wohl nichts drin sein, aber es mildert die Stöße des Lebens.
ARTHUR SCHOPENHAUER

Gegen Geringere sei höflicher als gegen Höhere.
AUGUST GRAF PLATEN

Man kann unterscheiden zwischen einer Höflichkeit, die anzieht, und einer Höflichkeit, die fernhält.
MARIE VON EBNER-ESCHENBACH

Das Leben ist kurz, aber man hat immer Zeit für Höflichkeit.
RALPH WALDO EMERSON

Höflichkeit – die angenehmste Form der Heuchelei.
AMBROSE BIERCE

Es gibt keinen besseren Grund, höflich zu sein, als die Überlegenheit.
MARIE VON EBNER-ESCHENBACH

Es gibt Leute, die einen nicht zu grüßen wagen, weil sie denken, es könnte möglich sein, man erwidere etwa ihre Höflichkeit nicht.
ROBERT WALSER

Hohen Sinn bekundet es, Taktlosigkeit zu ertragen.
EURIPIDES

Takt erfordert vor allem Phantasie. Man muss viele Möglichkeiten der fremden Seele überschauen, viele Empfangsmöglichkeiten, und danach, was man geben kann, einrichten.
CHRISTIAN MORGENSTERN

Takt ist, es immer instinktiv zu spüren, was die anderen noch von dir vertragen.
PETER ALTENBERG

Takt ist die Kunst, einen Erfolg zu erzielen, ohne sich einen Feind zu machen.
ISAAC NEWTON

Das Leben ist eine Taktfrage.
OSCAR WILDE

In Stilfragen kann Ihnen so leicht keiner das Wasser reichen.

Ein großer Mann ist, wer Tongeschirr so benutzt, als sei es Silber. Nicht weniger groß ist aber auch, wer Silber so benutzt, als sei es Tongeschirr.
SENECA

Nur im Wegwerfen des Zufälligen und im reinen Ausdruck des Notwendigen liegt der große Stil.
FRIEDRICH SCHILLER

Die Schönheit des Stils ist ein Werk des Fleißes, nicht des Talentes.
ALEXANDER POPE

Der Stil ist das Kleid der Gedanken.
EARL OF CHESTERFIELD

Jeden anderen Meister erkennt man an dem, was er ausspricht, was er weise verschweigt, zeigt mir des Meisters Stil.
FRIEDRICH SCHILLER

Wie der Stil, so der Mensch.
GEORGES GRAF BUFFON

Ein Stil bildet sich nicht durch Absicht und Reflexion, sondern durch einen leitenden Instinkt der Zeit.
FRIEDRICH THEODOR VISCHER

Kürze erfordert immer mehr Mühe als Weitschweifigkeit.
CHARLES BAUDELAIRE

Stil ist richtiges Weglassen des Unwesentlichen.
ANSELM FEUERBACH

Jede Gelegenheit, den Stil zu verbessern, sollte man ergreifen, als wäre sie die letzte.
HENRY DAVID THOREAU

Den Stil verbessern heißt den Gedanken verbessern und gar nichts weiter. Wer dies nicht sofort zugibt, ist auch nie davon zu überzeugen.
FRIEDRICH NIETZSCHE

Auf leisen Sohlen wandeln die Schönheit, das wahre Glück und das echte Heldentum.
WILHELM RAABE

Sie lassen sich nicht vom Terminkalender beherrschen und gönnen sich den Luxus einer Auszeit.

Die Zeit ist Neuigkeiten schwanger; stündlich gebiert sie eine.
WILLIAM SHAKESPEARE

Die Leute, die niemals Zeit haben, tun am wenigsten.
GEORG CHRISTOPH LICHTENBERG

Betreiben Sie Zeitmanagement in eigener Sache.

Viele verderben Zeit und Geduld mit dem, was sie liegen lassen sollten, und beides fehlt ihnen nachher für das, was sie liegen gelassen haben.
BALTASAR GRACIÁN Y MORALES

Keiner kann seine Zeit gut einteilen, der nicht vorsichtig in der Wahl seiner Gesellschaft ist.
JEREMY TAYLOR

Die Zeit verschiebt nicht nur die Zwecke, auch andre Mittel fordert sie.
JOHANN WOLFGANG VON GOETHE

Gewöhnliche Menschen überlegen nur, wie sie ihre Zeit verbringen. Ein intelligenter Mensch versucht, sie auszunutzen.
ARTHUR SCHOPENHAUER

Verlorene Zeit kann man nie wieder finden.
BENJAMIN FRANKLIN

Verschwendete Zeit ist Dasein, gebrauchte Zeit ist Leben.
EDWARD YOUNG

Wir haben nicht ausreichend Zeit, um nur vorsätzlich zu handeln.
VAUVENARGUES

Sofort ist die wichtigste Zeit, weil wir nur sofort noch über uns verfügen können.
LEO N. TOLSTOI

Die Zeit ist der Stoff, aus dem die großen Unternehmungen gemacht werden.
ANATOLE FRANCE

Lehrsatz für's Leben:

Wenn die Zeit kommt, in der man könnte, ist die vorüber, in der man kann.
MARIE VON EBNER-ESCHENBACH

Wenn Zeit Geld ist, so lebt jeder über seine Verhältnisse.
LUDWIG FULDA

Wenn man über ein gewisses Alter hinaus ist, gibt es nur noch ein Problem: das Problem der Zeit.
HENRY DE MONTHERLANT

Geh mit der Zeit, aber vergiss nicht, wohin du willst!
HANS-HORST SKUPY

Luxus ist kein Fremdwort für Sie. Er begleitet sie durchs ganze Leben.

Die Frucht eines Luxuslebens ist Luxus.
HENRY DAVID THOREAU

An Geld denke ich nur, wenn ich keins mehr habe. Zu vergessen, dass es existiert, ist mein größter Luxus.
PETER USTINOV

Heutzutage muss man sehr, sehr stark sein, um sich den Luxus leisten zu können, schwach zu sein.
PETER USTINOV

Aller Luxus des Lebens ist ein Bedürfnis der Frauen und wird von ihnen gefördert.
LEO N. TOLSTOI

Der Luxus ist kein Vergnügen, aber das Vergnügen ist kein Luxus.
FRANCIS M. PICABIA

Luxus und schlechter Geschmack sind unzertrennlich. Überall, wo der Geschmack viel Aufwand erfordert, ist er falsch.
JEAN-JACQUES ROUSSEAU

Von den Dingen, die man benötigt, kann man nicht mehr als eine bestimmte Menge verbrauchen, für den Luxus indessen gibt es keine Grenzen.
LEO N. TOLSTOI

Letztlich es doch die Lust, die dich und mich am Leben hält.

Ohne Lust kein Leben.
FRIEDRICH NIETZSCHE

Ein lustvolles Leben und wahrhafte Freude wird allein oder doch im höchsten Grade dem Philosophen zuteil.
ARISTOTELES

Beeile dich, solange die Lust anhält!
TERENZ

Das Lustgefühl ist ein seelischer Vorgang, und jeder hat Lust an dem, was er liebt.
ARISTOTELES

Einmal hervorgerufen, ist die Lust eine autonome Empfindung.
SIMONE DE BEAUVOIR

Und Lust und Liebe sind die Fittiche zu großen Taten.
JOHANN WOLFGANG VON GOETHE

Der Glaube, das, was man wünscht, zu erreichen, ist immer lustvoll.
ARISTOTELES

Der Kampf um die Lust ist der Kampf um das Leben.
FRIEDRICH NIETZSCHE

Alles schlechthin Lustvolle ist auch rechtschaffen, und alles schlechthin Gute auch lustvoll.
ARISTOTELES

Jegliches Ding wird zu einer Quelle der Lust, soweit es geliebt wird.
THOMAS VON AQUIN

Keine Lust ist stärker als Eros.
PLATON

... aber auch:

Übermaß der Lust tut der Liebe Abbruch.
ANDREAS CAPELLANUS

Zwang und Liebe passen schlecht zusammen, und die Lust lässt sich nicht befehlen.
JEAN-JACQUES ROUSSEAU

Vollkommeneres Wirken verursacht vollkommenere Lust.
THOMAS VON AQUIN

Nicht jede Lust darf man wählen, sondern nur die am Guten und Schönen.
DEMOKRIT

Gilt für Mann und Frau gleichermaßen:

Ist die Lust gestillt, so hat weder der Mann diese Frau noch die Frau diesen Mann mehr nötig.
JEAN-JACQUES ROUSSEAU

Ohne Tätigkeit aber gibt es keine Lust, und jede Tätigkeit wird von der Lust zur Vollendung gebracht.
ARISTOTELES

Wie wenig Lust genügt den meisten, um das Leben gut zu finden, wie bescheiden ist der Mensch.
FRIEDRICH NIETZSCHE

Wo keine Freiheit ist, wird jede Lust getötet.
JOHANN WOLFGANG VON GOETHE

So wenig wie an einem Baum zwei völlig gleiche Blätter sind, finden sich im Menschenleben zwei völlig gleiche Augenblicke der Liebeslust.
HONORÉ DE BALZAC

Der Sinn aller Menschen wendet sich rasch von der Mühe zur Lust.
TERENZ

Die Lust ist eine Art Vollendung des Wirkens.
THOMAS VON AQUIN

Glück, Lust, Entzücken, wie scharf sind eure Pfeile! Wer kann ihre Verletzung ertragen?
JEAN-JACQUES ROUSSEAU

Im Schmerz ist so viel Weisheit wie in der Luft.
FRIEDRICH NIETZSCHE

Auch Sie haben sich die Frage bestimmt schon einmal gestellt:

Was ist nun aber das Leben, oder besser: Ist das überhaupt ein Leben, wenn man sich daraus die Lust wegdenkt?
ERASMUS VON ROTTERDAM

Lust ist unmittelbar nicht schlecht, sondern gut; Unlust hingegen ist unmittelbar schlecht.
BARUCH DE SPINOZA

Wir haben alle schon geweint, jeder Glückliche einmal vor Weh, jeder Unglückliche einmal vor Lust.
JEAN PAUL

Ich spucke auf die Vollkommenheit und jene, die sie sinnlos anstaunen, wenn sie keine Lust erzeugt.
EPIKUR

Ich aber rufe zu fortdauernden Lustempfindungen auf und nicht zu sinnlosen und nichtssagenden Tugenden, die nur verworrene Illusionen über mögliche Früchte in sich bergen.
EPIKUR

... dem Aufruf kann man sich nur anschließen!

Autorenverzeichnis

ADENAUER, KONRAD, 1876–1967, dt. Staatsmann
AISCHYLOS, 525–456 v. Chr., griech. Dichter
ALTENBERG, PETER, 1859–1919, österr. Schriftsteller
AMBROSIUS, 339–397, röm. Kirchenvater
ANDREOTTI, GIULIO, *1919, ital. Politiker
ARISTOPHANES, 445–385 v. Chr., griech. Komödiendichter
ARISTOTELES, 384–322 v. Chr., griech. Philosoph
AUGUSTINUS, AURELIUS, 354–430, röm. Kirchenlehrer
AUREL, MARC, 121–180, röm. Kaiser

BACON, FRANCIS, 1561–1626, engl. Staatsmann und Philosoph
BALZAC, HONORÉ DE, 1799–1850, frz. Schriftsteller
BANG, HERMANN, 1857–1912, dän. Schriftsteller
BARDOT, BRIGITTE, *1934, frz. Filmschauspielerin
BARRIE, JAMES MATTHEW, 1860–1937, engl. Schriftsteller
BAUDELAIRE, CHARLES PIERRE, 1821–1867, frz. Schriftsteller
BEAUVOIR, SIMONE DE, 1908–1986, frz. Schriftstellerin
BENARY, PETER, *1931, Aphoristiker
BERGER, SENTA, *1941, österr. Schauspielerin
BERGMAN, INGRID, 1915–1982, schwed. Schauspielerin
BEUTELROCK, FRIEDL, 1889–1958, dt. Schriftstellerin
BIERCE, AMBROSE, 1842–1914, amerik. Satiriker und Schriftsteller
BILLINGS, JOSH, 1818–1885, amerik. Schriftsteller
BLAKE, WILLIAM, 1757–1827, engl. Dichter und Maler
BOCCACCIO, GIOVANNI, 1313–1375, ital. Dichter
BOGART, HUMPHREY, 1899–1957, amerik. Schauspieler
BONSELS, WALDEMAR, 1880–1952, dt. Schriftsteller
BORGES, JORGE LUIS, 1899–1986, argent. Schriftsteller
BÖRNE, LUDWIG, eigentl. LÖB BARUCH, 1786–1837, dt. Schriftsteller
BOSCH, ROBERT, 1861–1942, dt. Industrieller

BRANDT, WILLY, 1913–1992, dt. Staatsmann
BRANSTNER, GERHARD, 1927–2008, dt. Schriftsteller
BRECHT, BERTOLT, 1898–1956, dt. Dramatiker
BRILLAT-SAVARIN, JEAN-ANTHELME, 1755–1826, frz. Schriftsteller
BRITTEN, BENJAMIN, 1913–1976, engl. Komponist
BÜCHNER, GEORG, 1813–1837, dt. Schriftsteller
BUFFON, GEORGES LOUIS LECLERC GRAF VON, 1707–1788, frz. Naturforscher
BUSCH, WILHELM, 1832–1908, dt. Dichter und Zeichner
BUTLER, SAMUEL, 1835–1902, engl. Schriftsteller

CAMUS, ALBERT, 1913–1960, frz. Dramatiker und Erzähler
CANETTI, ELIAS, 1905–1994, bulg. Schriftsteller, deutschsprachig
CAPELLANUS, ANDREAS, lebte im 12. Jahrhundert, Autor lateinischer Schriften
CAPOTE, TRUMAN, 1924–1984, amerik. Schriftsteller
CARDINALE, CLAUDIA, *1938, ital. Schauspielerin
CAROSSA, HANS, 1878–1956, dt. Schriftsteller und Arzt
CASANOVA, GIACOMO GIROLAMO, 1725–1798, ital. Schriftsteller
CERVANTES, MIGUEL DE, 1547–1616, span. Dichter
CHAMFORT, NICOLAS, eigentl. SÉBASTIEN-ROCH NICOLAS, 1741–1794, frz. Moralist
CHAMISSO, ADALBERT VON, 1781–1838, dt.-frz. Schriftsteller
CHANEL, COCO, 1883–1971, frz. Modeschöpferin
CHARDONNE, JACQUES, 1884–1968, frz. Schriftsteller
CHATELET, GABRIELLE MARQUISE DU, 1706–1749, frz. Philosophin
CHESTERFIELD, LORD PHILIP DORMER, FOURTH EARL OF STANHOPE, 1694–1773, brit. Staatsmann
CHESTERTON, GILBERT KEITH, 1874–1936, brit. Schriftsteller
CHEVALIER, MAURICE, 1889–1972, frz. Chansonsänger
CHRISTINE VON SCHWEDEN, 1626–1689, Königin von Schweden
CHRYSOSTOMUS, um 344/54–407, griech. Kirchenlehrer
CHURCHILL, SIR WINSTON, 1874–1965, engl. Premierminister
CICERO, MARCUS TULLIUS, 106–43 v. Chr., röm. Staatsmann und Schriftsteller

CLAUDEL, PAUL, 1868–1955, frz. Schriftsteller und Diplomat
CLAUSEWITZ, KARL VON, 1780–1831, Militärtheoretiker
CLEMENCEAU, GEORGES, 1841–1929, frz. Politiker
COCTEAU, JEAN, 1889–1963, frz. Schriftsteller und Maler
CORNEILLE, PIERRE, 1606–1684, frz. Dramatiker
CULKIN, JOHN, 1928–1993, amerik. Kulturkritiker

DANTE ALIGHIERI, 1265–1321, ital. Dichter
DEMOKRIT, 470–um 380 v. Chr., griech. Philosoph
DETTMEYER, STEPHAN, *1959, dt. Kabarettist
DICKENS, CHARLES, 1812–1870, engl. Schriftsteller
DIOGENES VON SINOPE, um 400–um 325 v. Chr., griech. Philosoph
DISRAELI, BENJAMIN, 1804–1881, engl. Staatsmann
DITTRICH, ERNST, 1868–1948, österr. Architekt
DODERER, HEIMITO VON, 1896–1966, österr. Schriftsteller
DÖNHOFF, MARION VON, 1909–2002, dt. Journalistin
DOSTOJEWSKI, FJODOR MICHAILOWITSCH, 1821–1881, russ. Schriftsteller
DOUGLAS, MICHAEL, *1944, amerik. Schauspieler
DUMAS, ALEXANDRE D. J., 1824–1895, frz. Schriftsteller
DURRELL, LAWRENCE GEORGE, 1912–1990, engl. Schriftsteller
DÜRRENMATT, FRIEDRICH, 1921–1990, schweiz. Dramatiker

EBNER-ESCHENBACH, MARIE, FREIFRAU VON, 1830–1916, österr. Aphoristikerin
ECKERMANN, JOHANN PETER, 1792–1854, dt. Schriftsteller, Vertrauter Goethes
EDISON, THOMAS ALVA, 1847–1931, amerik. Erfinder
EINSTEIN, ALBERT, 1879–1955, dt. Physiker
EINSTEIN, CARL, 1885–1940, dt. Kunstwissenschaftler
EISLER, HANNS, 1898–1962, österr. Komponist
EMERSON, RALPH WALDO, 1803–1882, amerik. Philosoph
EPICHARMOS, um 440 v. Chr., griech. Komödiendichter
EPIKTET, 50–125, griech. Philosoph
ERASMUS VON ROTTERDAM, 1469–1536, niederl. Humanist
ERHARD, LUDWIG, 1897–1977, dt. Staatsmann

EURIPIDES, 480–406 v. Chr., griech. Bühnendichter

FARKAS, KARL, 1893–1971, österr. Schauspieler und Kabarettist
FELLINI, FEDERICO, 1920–1993, ital. Filmregisseur
FEUCHTERSLEBEN, ERNST FREIHERR VON, 1806–1849, österr. Schriftsteller
FEUERBACH, ANSELM, 1829–1880, dt. Maler
FICHTE, JOHANN GOTTLIEB, 1762–1814, dt. Philosoph
FIELDS, W. C., 1880–1946, amerik. Unterhaltungskünstler
FINCK, WERNER, 1902–1978, dt. Kabarettist und Schauspieler
FISCHER, KUNO, 1824–1907, dt. Philosoph
FLAKE, OTTO, 1880–1963, dt. Schriftsteller
FLAUBERT, GUSTAVE, 1821–1880, frz. Schriftsteller
FONTANE, THEODOR, 1819–1898, dt. Schriftsteller
FORD, HENRY, 1863–1947, amerik. Automobilbauer
FORD, TOM, *1961, amerik. Filmregisseur
FRANCE, ANATOLE, 1844–1924, franz. Schriftsteller
FRANKLIN, BENJAMIN, 1706–1790, amerik. Staatsmann und Philosoph
FRIEDELL, EGON, 1878–1938, österr. Schriftsteller und Journalist
FULDA, LUDWIG, 1862–1939, dt. Schriftsteller
FÜRSTENBERG, CARL, 1850–1933, dt. Bankier

GALBRAITH, JOHN KENNETH, 1908–2006, amerik. Ökonom
GEHLEN, ARNOLD, 1904–1976, dt. Sozialphilosoph
GEIBEL, EMANUEL, 1815–1884, dt. Dichter
GEISSLER, HORST WOLFRAM, 1893–1983, dt. Schriftsteller
GEOFFRIN, MARIE-THÉRÈSE, 1699–1777, frz. Schriftstellerin
GETTY, JEAN PAUL, 1892–1976, amerik. Ölmagnat
GIDE, ANDRÉ, 1869–1951, frz. Schriftsteller
GLAS, USCHI, *1944, dt. Filmschauspielerin
GLEIM, JOHANN WILHELM LUDWIG, 1719–1803, dt. Dichter
GOETHE, JOHANN WOLFGANG VON, 1749–1832, dt. Dichter
GOETZ, CURT, 1888–1960, dt. Schriftsteller
GORBATSCHOW, MICHAEL S., *1931, russ. Staatsmann
GÖTT, EMIL, 1864–1908, dt. Schriftsteller

GRACIÁN Y MORALES, BALTHASAR, 1601–1658, span. Philosoph
GRAF, OSKAR MARIA, 1894–1967, dt. Schriftsteller
GRAFF, SIGMUND, 1898–1979, dt. Schriftsteller
GRIMM, JACOB, 1785–1863, dt. Schriftsteller und Philologe
GUARDINI, ROMANO, 1885–1968, ital. Religionsphilosoph
GUICCIARDINI, FRANCESCO, 1483–1540, ital. Politiker
GÜNDERODE, KAROLINE VON, 1780–1806, dt. Dichterin
GÜNTHER, JOACHIM, 1905–1990, dt. Schriftsteller
GUTTENBERG, KARL-THEODOR VON, *1971, dt. Politiker

HABE, HANS, 1911–1977, österr. Publizist und Schriftsteller
HAGEDORN, FRIEDRICH VON, 1708–1754, dt. Schriftsteller
HAMMARSKJÖLD, DAG, 1905–1961, schwed. Diplomat
HAMSUN, KNUT, 1859–1912, norw. Schriftsteller
HAUPTMANN, GERHART, 1862–1946, dt. Schriftsteller
HAYEK, FRIEDRICH AUGUST VON, 1899–1992, österr. Ökonom
HEBBEL, CHRISTIAN FRIEDRICH, 1813–1863, dt. Dichter
HEIMERAN, ERNST, 1902–1955, dt. Schriftsteller
HEINE, HEINRICH, 1797–1856, dt. Dichter
HEINEMANN, GUSTAV, 1899–1976, dt. Staatsmann
HENCKELL, KARL, 1864–1929, dt. Lyriker und Schriftsteller
HEPBURN, AUDREY, 1929–1993, brit.-niederl. Schauspielerin
HERAKLIT, 574–480 v. Chr., griech. Historiker
HERODOT, 485–425 v. Chr., griech. Geschichtsschreiber
HESIOD, um 700 v. Chr., griech. Dichter
HEYWOOD, JOHN, 1497–1580
HICKS, JOHN R., 1904–1989, engl. Ökonom
HILDEGARD VON BINGEN, 1098–1179, dt. Mystikerin
HILTY, CARL, 1833–1909, schweiz. Schriftsteller
HIPPEL, THEODOR GOTTLIEB VON, 1741–1796, dt. Schriftsteller
HOBBES, THOMAS, 1588–1679, engl. Philosoph
HÖFER, WERNER, 1913–1997, dt. Journalist
HOFMANNSTHAL, HUGO VON, 1874–1929, österr. Dichter
HÖLDERLIN, JOHANN CHRISTIAN FRIEDRICH, 1770–1843, dt. Dichter

HOMER, um 750 v. Chr., griech. Dichter

HORAZ, 65–8 v. Chr., röm. Dichter

HORTON, PETER, *1941, österr. Sänger und Musiker

HORVÁTH, ÖDÖN VON, 1901–1938, österr. Schriftsteller

HUGO, VICTOR, 1802–1885, frz. Schriftsteller

HUMBOLDT, ALEXANDER VON, 1769–1859, dt. Naturforscher

HUME, DAVID, 1711–1776, schott. Philosoph

HUXLEY, ALDOUS LEONARD, 1864–1963, engl. Schriftsteller

IACOCCA, LIDO ANTHONY, *1924, amerik. Automobilmanager

IBSEN, HENRIK JOHAN, 1828–1906, norw. Dichter und Dramatiker

JEFFERSON, THOMAS, 1743–1826, amerik. Staatsmann

JEWTUSCHENKO, JEWGENI, *1932, russ. Dichter

JOHNSON, SAMUEL, 1709–1784, brit. Schriftsteller

JOOP, WOLFGANG, *1945, dt. Modeschöpfer

JOUBERT, JOSEPH, 1754–1824, frz. Moralist

JOUFFROY, THÉODORE, 1796–1842, frz. Philosoph

JUHNKE, HARALD, 1929–2005, dt. Entertainer und Schauspieler

JUSTINIAN, um 482–565, röm. Kaiser?

JUVENAL, 50–140, röm. Dichter

KAFKA, FRANZ, 1883–1924, österr. Schriftsteller

KANT, IMMANUEL, 1724–1804, dt. Philosoph

KARAJAN, HERBERT VON, 1908–1989, österr. Dirigent

KARR, ALPHONSE, 1808–1890, frz. Schriftsteller und Journalist

KÄSTNER, ERICH, 1899–1974, dt. Schriftsteller

KELLER, GOTTFRIED, 1819–1890, schweiz. Dichter

KERSTEN, HANNS-HERMANN, 1928–1986, dt. Aphoristiker

KREUELS, ALBERT MATHIAS, 1917–2009, dt. Schriftsteller

KIERKEGAARD, SÖREN AABYE, 1813–1855, dän. Philosoph

KISHON, EPHRAIM, 1924–2005, israel. Satiriker

KLEIST, HEINRICH VON, 1777–1811, dt. Dichter

KLINGER, FRIEDRICH MAXIMILIAN, 1752–1831, dt. Dramatiker

KNIGGE, ADOLPH FREIHERR VON 1752–1796, dt. Schriftsteller

KOHL, HELMUT, *1930, dt. Staatsmann

KOKOSCHKA, OSKAR, 1886–1980, österr. Maler

KONFUZIUS, 555–479 v. Chr., chin. Philosoph

KÖNIG XERXES I., um 519–465 v. Chr., ägypt. Pharao

KOSTOLÁNY, ANDRÉ, 1906–1999, ung. Börsenspekulant

KOTZEBUE, AUGUST VON 1761–1819, dt. Dramatiker

KRAUS, KARL, 1874–1936, österr. Kritiker und Aphoristiker

KUH, ANTON, 1890–1941, tschech.-österr. Satiriker

LA BRUYÈRE, JEAN DE, 1645–1696, frz. Moralphilosoph

LA FONTAINE, JEAN DE, 1621–1695, frz. Fabeldichter

LA ROCHEFOUCAULD, FRANÇOIS VI DUC DE, 1613–1680, frz. Aphoristiker

LAGARDE, PAUL ANTON DE, 1827–1891, dt. Kulturphilosoph

LAGERFELD, KARL, *1933, dt. Modeschöpfer

LANCASTER, BURT, 1913–1994, amerik. Filmschauspieler

LANGBEHN, JULIUS, 1851–1907, dt. Kritiker und Schriftsteller

LAOTSE, 570–490 v. Chr., chin. Philosoph

LAUB, GABRIEL, 1928–1998, poln. Aphoristiker

LEIXNER, OTTO VON, 1847–1907, österr. Schriftsteller

LEMBKE, ROBERT, 1913–1989, dt. Journalist

LEOPARDI, GIACOMO, 1798–1837, ital. Dichter

LESSING, GOTTHOLD EPHRAIM, 1729–1781, dt. Dichter und Philosoph

LEVI, CARLO, 1902–1975, ital. Schriftsteller und Arzt

LICHTENBERG, GEORG CHRISTOPH, 1742–1799, dt. Aphoristiker

LILIENCRON, DETLEV FREIHERR VON, 1844–1909, dt. Schriftsteller

LINCOLN, ABRAHAM, 1809–1865, amerik. Präsident

LISELOTTE VON DER PFALZ, 1652–1722, Herzogin von Orléans

LONDON, JACK, 1876–1916, amerik. Schriftsteller

LOUIS XIV., DER SONNENKÖNIG, 1638–1715, König von Frankreich

LUKAN, 39–65, latein. Dichter

LUKIAN, um 120–um 180, griech. Satiriker

LUTHER, MARTIN, 1483–1546, dt. Reformator

LUXEMBURG, ROSA, 1870–1919, KPD-Politikerin

MACHIAVELLI, NICCOLÒ, 1469–1527, ital. Politiker
MACLAINE, SHIRLEY, *1934, amerik. Schauspielerin
MANN, THOMAS, 1875–1955, dt. Schriftsteller
MARCUSE, LUDWIG, 1894–1971, dt. Philosoph
MARTENS, VALERIE VON, 1894–1986, österr.-dt. Schauspielerin
MARTIAL, 40–102, röm. Dichter
MARX, KARL, 1818–1883, dt. Philosoph
MAUGHAM, WILLIAM SOMERSET, 1874–1965, engl. Schriftsteller
MAUROIS, ANDRÉ, 1885–1967, frz. Schriftsteller
MENADROS = MENANDER, 342–291 v. Chr., griech. Komödiendichter
MENUHIN, YEHUDI, 1916–1999, schweiz.-brit. Violinist und Dirigent
MILL, JOHN STUART, 1806–1873, engl. Philosoph
MIRABEAU, GRAF DE, 1749–1791, frz. Staatsmann
MITSCH, WERNER, *1936–2009, dt. Aphoristiker
MODERSOHN-BECKER, PAULA, 1876–1907, dt. Malerin
MOLIÈRE, eigentl. JEAN BAPTISTE POQUELIN, 1622–1673, frz. Komödiendichter
MOLTKE, HELMUTH GRAF VON, 1800–1891, dt. Generalfeldmarschall
MONTAIGNE, MICHEL DE, 1533–1592, frz. Schriftsteller und Essayist
MONTESQUIEU, CHARLES-LOUIS DE SECONDAT, BARON DE LA BRÈDE ET DE, 1689–1755, frz. Philosoph
MONTHERLANT, HENRY DE, 1896–1972, frz. Schriftsteller
MORAVIA, ALBERTO, 1907–1990, ital. Schriftsteller
MORGENSTERN, CHRISTIAN, 1871–1914, dt. Dichter
MORLEY, CHRISTOPHER, 1890–1957, amerik. Schriftsteller
MORRIS, WILLIAM, 1834–1896, engl. Dichter, Maler und Architekt
MUNTHE, AXEL, 1857–1949, schwed. Arzt
MURVILLE, MAURICE COUVE DE, 1929–2007, Erzbischof von Birmingham
MUSIL, ROBERT, 1880–1942, österr. Schriftsteller

NAPOLEON BONAPARTE, 1769–1821, frz. Kaiser
NESTROY, JOHANN NEPOMUK, 1801–1862, österr. Dichter
NEWTON, ISAAC, 1643–1727, engl. Mathematiker und Physiker

NIARCHOS, STAVROS SPYROS, 1909–1996, griech. Reeder

NIETZSCHE, FRIEDRICH WILHELM, 1844–1900, dt. Philosoph

NOVALIS, eigentl. FRIEDRICH LEOPOLD FREIHERR VON HARDENBERG, 1772–1801, dt. Dichter

ONASSIS, ARISTOTELES SOKRATES, 1906–1975, griech. Reeder

OVID, eigentl. PUBLIUS OVIDIUS NASO, 43–17 v. Chr., röm. Dichter

PAGNOL, MARCEL, 1895–1974, frz. Schriftsteller und Regisseur

PARACELSUS, PHILIPPUS AUREOLUS, 1493–1541, dt. Arzt und Naturforscher

PASCAL, BLAISE, 1623–1662, frz. Philosoph

PAUL, JEAN, eigentl. JOHANN PAUL FRIEDRICH RICHTER, 1763–1825, dt. Dichter

PERIKLES, um 490–429 v. Chr., griech. Staatsmann

PERSIUS, 34–62, röm. Dichter

PESSOA, FERNANDO, 1888–1935, portug. Schriftsteller

PHAEDRUS, 15 v. Chr.–55 n. Chr., röm. Fabeldichter

PICABIA, FRANCIS M., 1897–1953, frz. Maler

PICASSO, PABLO, 1881–1973, span. Maler

PLATEN, AUGUST GRAF VON, 1796–1835, dt. Dichter

PLATH, SYLVIA, 1932–1963, amerik. Schriftstellerin

PLATON, 427–347 v. Chr., griech. Philosoph

PLAUTUS, TITUS MACCIUS, um 250–um 184 v. Chr., röm. Komödiendichter

PLUTARCH, eigentl. PLUTARCHOS, 46–120, griech. Philosoph

POLGAR, ALFRED, 1873–1955, österr. Kritiker und Schriftsteller

PONGE, FRANCIS, 1899–1988, frz. Schriftsteller

POPE, ALEXANDER, 1688–1744, engl. Dichter

PROTAGORAS, 481–411 v. Chr., griech. Philosoph

PROUST, MARCEL, 1871–1922, franz. Schriftsteller

PRUDHOMME, SULLY, 1839–1907, franz. Schriftsteller

QUALTINGER, HELMUT, 1928–1986, österr. Kabarettist und Schauspieler

RAABE, WILHELM, 1831–1910, dt. Dichter

RAKETE, JIM, *1951, dt. Fotograf und Fotojournalist
RANK, OTTO, 1884–1939, österr. Psychoanalytiker
RATHENAU, WALTHER, 1867–1922, dt. Staatsmann
RENARD, JULES, 1864–1910, frz. Romanautor, Dramatiker und Essayist
REVENTLOW, FRANZISKA GRÄFIN ZU, 1871–1918, dt. Schriftstellerin
REZZORI, GREGOR VON, 1914–1998, deutschsprachiger Schriftsteller und Filmschauspieler
RINGELNATZ, JOACHIM, 1883–1934, dt. Dichter
RIVAROL, ANTOINE DE, 1753–1801, frz. Aphoristiker
ROCKEFELLER, DAVID, *1915, amerik. Bankier
RODA RODA, 1872–1945, österr. Publizist
ROLLAND, ROMAIN, 1866–1944, frz. Schriftsteller
ROMAINS, JULES, 1885–1972, frz. Schriftsteller
ROSEGGER, PETER, 1843–1918, österr. Schriftsteller
ROSENTHAL, PHILIP, 1916–2001, dt. Industrieller und Politiker
ROSSINI, GIOACCHINO, 1792–1868, ital. Komponist
RÜCKERT, FRIEDRICH, 1788–1866, dt. Dichter
RÜHMANN, HEINZ, 1902–1994, dt. Schauspieler

SACKVILLE-WEST, VITA, 1892–1962, engl. Schriftstellerin
SADE, MARQUIS DE, 1740–1814, frz. Schriftsteller
LESAGE, ALAIN-RENÉ, 1668–1747, frz. Schriftsteller
SAINT-EXUPÉRY, ANTOINE DE, 1900–1944, frz. Schriftsteller
SAINT-LAURENT, YVES, *1936, frz. Modeschöpfer
SALLUST, 86–35 v. Chr., röm. Historiker
SAPPHO, um 600 v. Chr., griech. Lyrikerin
SARTRE, JEAN-PAUL, 1905–1980, frz. Philosoph
SCHILLER, FRIEDRICH VON, 1759–1805, dt. Dichter
SCHLEGEL, FRIEDRICH VON, 1772–1829, dt. Dichter und Kritiker
SCHMIDT, HELMUT, *1918, dt. Politiker und Bundeskanzler
SCHMIDT, LOTHAR, *1922, dt. Aphoristiker
SCHNEYDER, WERNER, *1937, österr. Autor und Kabarettist
SCHNITZLER, ARTHUR, 1862–1931, österr. Erzähler und Dramatiker

Schnurre, Wolfdietrich, 1920–1989, dt. Schriftsteller
Schönthan, Franz von, 1849–1913, österr. Journalist und Schauspieler
Schopenhauer, Arthur, 1788–1860, dt. Philosoph
Schumann, Robert, 1810–1856, dt. Komponist
Schweitzer, Albert, 1875–1965, dt. Theologe und Arzt
Seneca, Lucius Annaeus, 4 v. Chr. – 65 n. Chr., röm. Philosoph und Dichter
Seume, Johann Gottfried, 1763–1810, dt. Schriftsteller
Shakespeare, William, 1564–1616, engl. Dichter und Dramatiker
Shaw, George Bernard, 1856–1950, ir. Schriftsteller und Dramatiker
Sinclair, Upton, 1878–1968, amerik. Schriftsteller
Skupy, Hans-Horst, *1942, dt. Aphoristiker
Smiles, Samuel, 1812–1904, eng. Sozialreformer und Biograph
Sokrates, 470–399 v. Chr., griech. Philosoph
Sophokles, 495–406 v. Chr., griech. Tragödiendichter
Spengler, Oswald, 1880–1936, dt. Kulturphilosoph
Spitzer, Daniel, 1835–1893, österr. Satiriker
Staël, Germaine Baronin von, 1766–1817, frz. Schriftstellerin
Steinbeck, John, 1902–1968, amerik. Schriftsteller
Stendhal, eigentl. Marie-Henri Beyle, 1783–1842, frz. Dichter
Stevenson, Robert Louis, 1850–1894, schott. Schriftsteller
Stifter, Adalbert, 1805–1868, österr. Dichter
Storm, Theodor, 1817–1888, dt. Schriftsteller
Strauss, Franz Josef, 1915–1988, dt. Politiker
Strindberg, Johan August, 1849–1912, schwed. Dichter
Swift, Jonathan, 1667–1745, ir. Schriftsteller
Syrus, Publilius Cornelius, um 50 v. Chr., röm. Lustspieldichter

Talleyrand, Charles Maurice Duc de, 1754–1838, frz. Diplomat
Tavel, Rudolf von, 1866–1934, schweiz. Journalist und Schriftsteller
Taylor, Jeremy, 1613–1667, engl. Theologe

TERENZ, 185–159 v. Chr., röm. Komödiendichter
THOMA, LUDWIG, 1867–1921, dt. Schriftsteller
THOMAS VON AQUIN, 1225–1274, ital. Theologe und Philosoph
THOREAU, HENRY DAVID, 1817–1862, amerik. Schriftsteller
TOLSTOI, LEO N. GRAF, 1828–1910, russ. Schriftsteller
TSCHECHOW, ANTON P., 1860–1904, russ. Dramatiker
TUCHOLSKY, KURT, 1890–1935, dt. Satiriker und Schriftsteller
TWAIN, MARK, eigentl. SAMUEL LANGHORNE CLEMENS, 1835–1910, amerik. Schriftsteller

UHLENBRUCK, GERHARD, *1929, dt. Mediziner und Aphoristiker
UPDIKE, JOHN, 1932–2009, dt. Schriftsteller
USTINOV, PETER, 1921–2004, engl. Filmschauspieler und Regisseur

VALENTIN, KARL, 1882–1948, dt. Komiker
VALÉRY, PAUL, 1871–1945, frz. Dichter
VARNHAGEN, RAHEL, 1771–1833, dt. Schriftstellerin
VAUVENARGUES, LUC DE CLAPIERS, MARQUIS DE, 1715–1747, frz. Moralist und Philosoph
VERGIL, eigentl. PUBLIUS VERGILIUS MARO, 70–19 v. Chr., röm. Dichter
VESPASIAN, TITUS FLAVIUS, 9–79, röm. Kaiser
VISCHER, FRIEDRICH THEODOR VON, 1807–1887, dt. Philosoph
VOGTS, BERTI, *1946, dt. Fußballer

WAGGERL, KARL HEINRICH, 1897–1973, österr. Schriftsteller
WAGNER VON JAUREGG, JULIUS, 1857–1940, österr. Psychiater
WAGNER, RICHARD, 1813–1883, dt. Komponist
WALSER, MARTIN, *1927, dt. Schriftsteller
WALSER, ROBERT, 1878–1956, schweiz. Schriftsteller
WANAMAKER, JOHN, 1838–1922, amerik. Unternehmer
WARHOL, ANDY, 1928–1987, amerik. Pop-Art-Künstler
WEBER, KARL JULIUS, 1767–1832, dt. Schriftsteller
WEDEKIND, FRANK, 1864–1918, dt. Schriftsteller
WEERTH, GEORG, 1822–1856, dt. Schriftsteller

WEIDNER, WOLFRAM, *1925, dt. Aphoristiker und Journalist

WEININGER, OTTO, 1880–1903, österr. Philosoph

WEISER, GRETE, 1903–1970, dt. Schauspielerin

WELCH, JACK, *1935, amerik. Manager

WILDE, OSCAR, 1856–1900, engl.-ir. Schriftsteller

WILDER, THORNTON, 1897–1975, amerik. Dramatiker

WILSON, THOMAS WOODROW, 1856–1924, amerik. Staatsmann

WINCHELL, WALTER, 1897–1972, amerik. Journalist

WITTGENSTEIN, LUDWIG, 1889–1951, dt. Philosoph

YOUNG, EDWARD, 1683–1765, engl. Dichter

ZENON, um 490–um 430 v. Chr., griech. Philosoph

ZILLE, HEINRICH, 1858–1929, dt. Zeichner

ZOLA, ÉMILE, 1840–1902, frz. Schriftsteller

ZWEIG, STEFAN, 1881–1942, österr. Dichter

MIX
Papier aus verantwortungsvollen Quellen
FSC® C019821

Das für dieses Buch verwendete FSC®-zertifizierte Papier
Lux Cream liefert Stora Enso, Finnland.